净化心灵 觉悟人生

将平凡的人生演绎精彩

觉悟

弘缘

把内心的尘埃拂拭净

心灵的平静 获取快乐的秘诀

无恨、无憾、无疾，才能心常欢喜，颜色光泽，气力充盛，所作吉利。

智慧人生

智慧人生

智慧人生

净化心灵

把内心的尘埃拂拭净尽

将平凡的人生演绎精彩

觉悟人生 净化心灵

中国华侨出版社

U0590503

智慧人生，从觉悟开始

觉悟人生，用智慧点拨

在人生的舞台上，如果有欢颜笑语剧目的上演，也肯定会有坎坷不平的篇章。你是大喜大悲地应对，还是觉而悟之、闲看淡望呢？

觉悟

觉悟生命的意义与本质，在这个纷繁复杂的世界中，让我们保持一份超然与洒脱，静守一份生命的恬淡与安宁。

图书在版编目（CIP）数据

觉悟/弘缘编著 · 一北京：中国华侨出版社，
2010.6
ISBN 978 - 7 - 5113 - 0448 - 3

Ⅰ.①觉… Ⅱ.①弘… Ⅲ.①佛教—人生哲学—通俗
读物 Ⅳ.①B948 - 49

中国版本图书馆 CIP 数据核字（2010）第 096516 号

觉悟

编著/弘 缘
责任编辑/杨 君
经销/新华书店
开本/710×1010 毫米　　1/16 开　　印张/15　　字数/150 千字
印刷/三河市祥达印装厂
版次/2010 年 7 月第 1 版　　2010 年 7 月第 1 次印刷
书号/ISBN 978 - 7 - 5113 - 0448 - 3
定价/26. 80 元

中国华侨出版社　　北京市安定路 20 号院 3 号楼　　邮编：100029
法律顾问：陈鹰律师事务所
编辑部：（010）64443056　　　传真：（010）64439708
发行部：（010）64443051
网址：www. oveaschin. com
E - mail：oveaschin@ sina. com

前 言

印度有一本书叫《奥义书》，里面有一段精彩的论述给人以巨大的震撼："一个人到了30岁，就要用全部的时间来觉悟，不觉悟的话，就是一步步走向死亡的道路。"

佛经上有一句话："悟者，觉悟本性；本性不动，是名自己。"我们要明白，人活着的意义是什么！很多人说，自己糊里糊涂生活了很多年，到中年了，人生的目标还不明朗，正在做的事情也几乎没有什么意义，每天做的工作都是在不断的重复自己，可以说都没有什么价值。本来很重要的事情竟然被自己抛到九霄云外，每天只是专注于一些微不足道的细枝末节，而自己竟然还麻木不仁。如果真不改变自己，真的就是一步步走向死亡了。

我们现在就应该开始认真思考自己。我的抱负是切合实际的还是盲目的？我的人生优势是什么？我当下最重要的事情是什么？我应该如何把自己一生的目标切割成一段段的具体规划？我怎么才能让自己摆脱那些没有什么意义的琐碎生活？

其实，并不一定只有那些处于犹豫彷徨的人才应该觉悟，不论是谁，在30岁的年龄，不论你有什么样的起点和心境，都应该尽早觉悟。因为，30岁，一切都还不晚，一切都还可以重新再来。有人说，我20岁可以不可以觉悟？20岁太早，一切都还没有开始呢。30岁是应该觉悟的年龄，因为你已经站在了人生之路的起点上。40岁当然就晚了，但是相比一生没有觉悟的人总还是有益的，亡羊补牢，总比望洋兴叹好。

人生之路犹如登山，如果你选择对了方向和路径，只要义无反顾，就一定能够抵达山顶。最可怕的是方向没有选择正确，或者走了一条死路，都是枉然的徒劳。奋斗一生，你可能都没有离开起点，或者，你转了一圈又回到了起点附近。而在起点附近徘徊的人实在是太多了，所以，我们的身边大多是那些平庸之辈。毫无疑问，这是那些没有选择正确方向，没有走对路径的人，或者说那些没有及早觉悟的人。相反，我们同样发现有一部分人在30多岁的年龄就事业有成或者平步青云，没为别的，他们在起点附近就觉悟了，就是一个理性的人了。

　　一个觉悟的人爆发出来的能量是巨大的，不仅可以改变自己，还可以改变世界。"觉"就是一种自我反省的工夫，随着你反省的深度，就越能体会到佛法的真实。内在净化到某种程度，本性的作用一发挥出来，般若智慧获得开采，那就能转凡成圣。

　　佛教最重视"悟"，不悟的人就像经典所讲的"煮沙成饭"，那么没有"悟"的人，怎么讲都不对；"悟"的人，怎么讲都对，都能事理圆融。简单来讲，悟道的人，在每一个动点上，都会觉得很有意义，不管洗厕所、捡菜，或者别人批评他、赞叹他，对一切境界，都能回归平和，安住在无量的喜悦与安详当中。

　　本书精选了60个佛教哲理故事，让你了解觉悟，体会觉悟，达到觉悟。如果我们能在每一个刹那，自我观照、自我控制，远离忧虑，没有恐惧、没有攀缘，离开一切执著，则能拥有统一和谐的心灵，幸福也就掌控在你的手中。对生命有了主宰，我们就成为最会享受生命的人。觉悟生命的意义与本质，在这个纷繁复杂的世界中，让我们保持一份超然与洒脱，静守一份生命的恬淡与安宁。

CONTENTS

目录

二 一念放下，万般自在：回归平和

把平凡的生活笑成一朵花

在纷繁复杂的生活中，随着我们年龄的增长，随着肩上责任和压力的加重，我们早已不再拥有孩子般天真无邪的心，甚至已经忘掉了该如何无拘无束地放声大笑。于是，各种各样的烦恼接踵而来，我们的心灵被搞得愁云密布。即使在美好的生活中，也感觉不出日子的幸福。这个时候，我们是否都需要找一个释放心情的地方呢？然后，像孩子一样痛痛快快地大笑一场。在平凡的生活中，能够把心笑成一朵花，也应该是一种莫大的智慧和幸福吧！

002

觉
悟

J
U
E
W
U

三 种如是因，收如是果：修身养性

无俗情之浓腻 如水月般淡远

无俗情之浓腻，如水月之淡远。晷时空之隔阻而心心相印，历世事之迁移而息息相依。相忘于江湖而若对咫尺，相照于肝胆而浑然不觉。此无它，信之力也。生活处处充满行善的机会，就像一座矿山，等着我们去发掘。几乎所有的问题后面都是机会。坚硬的石头后面不就是价值连城的宝玉吗？要挖出来需要眼力、勇气。

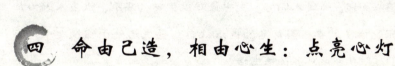 四 命由己造，相由心生：点亮心灯

点亮心灯，发掘般若智慧

点亮内心的智慧灯："千年暗室，一灯即明。"我们的般若智慧，也像灯光一样，可以照亮内心的愚痴、无明。无明就是烦恼，它能遮蔽我们的

真心，让我们看不清自己的本来面目；就如乌云遮日，天地自然阴暗。我们唯有净化心灵，把内心的尘埃拂拭净尽，则乌云散去，阳光普照，自然晴空朗朗。所以，我们要点亮心灯，要发掘般若智慧，才能认清自己。

004

五　扫相破执，明心见性：遵循本性

浮生如梦，为欢几何

禅的智慧，就是要我们关注我们的心灵，善待我们的心灵，停下匆遽的脚步，聆听真实生命的声音，从而使生命多一份从容与淡定。然而不幸的是，我们很多人一辈子都在追逐、应对衣食、名利，而偏偏忽略了心灵。心灵恰恰是我们生命中最宝贵的本心本性。烦恼随心而生，善随心而起，罪也随心而起。心是人们的人生中最难以突破的局限，很多人因为莫名的烦恼而耽误了大事，因莫名的愧疚让自己的生活处于悔恨之中。而禅，让人们超脱于心之外，随性生活。

六　缘来缘去，智慧清凉：摒弃喧嚣

情不附物，物岂碍人

人生只有一次，没有人希望自己活得浑浑噩噩。但是，若想活出生命的真意，享受神采飞扬、意气风发的生活，就必须依靠自己把握方向，不为外力所控，充分利用时间与潜能，发挥个人特质，并与宇宙万物相契合。人人都可以通过内在的省思，提升日常生活经验的层次，享受超越自我、得意人生的狂喜。

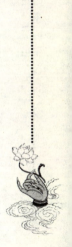

七　嚣嚣红尘，有缺有漏：苦乐参半

尘本非尘，当悟身空

佛学称人世间为"娑婆世界"，即是忍受许多缺憾的世界，认为：因为失去，所以永恒；因为缺憾，所以完美。在这存在着各种缺憾人生的舞台上，我们观看着别人的喜怒哀乐，也演绎着自己的悲欢离合。但正是无数个缺憾点缀了生命的海洋，涟漪过后更留下点点余韵，让人回味无穷。正如西方谚语所说："你要永远快乐，只有向痛苦里去找。"你要想完美，也只有向缺憾中去寻找。

一

去滓成器，去心垢染：乐享人生

当你打开双手 世界就在你手中

　　命运有着不可预测的复杂性。有时，成功和挫折会交替出现。我们可以知命，但不能任由命运来摆布，更不能因为遭遇不幸就自暴自弃。重新振作，你会有新的发现。当你紧握双手，里面什么也没有；当你打开双手，世界就在你手中。只有懂得放弃，才能在有限的生命里活得充实、饱满、旺盛。

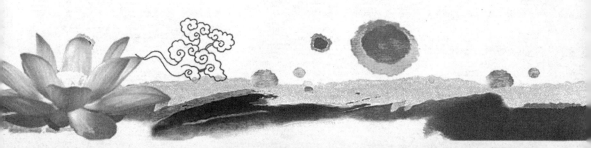

卸下妄想妄缘

菩提一叶

利踪禅师有一次在深夜里，站在僧堂前大叫道："有贼！有贼！"

叫声惊动了堂内的大众，这时，刚好有一位学僧从堂内跑出来，利踪禅师就一把抓住他道："纠察师父！我抓住贼了。"

学僧推拒道："禅师！你弄错了，不是贼，是我！"

利踪不放手，大声道："是就是，为什么不肯承担？"

学僧惊吓得不知如何是好，利踪禅师说偈道："三十年来西子湖，二时斋粥气力粗；无事上山行一转，借问时人会也无？"

有道是"擒山中之贼易，捉心内之贼难"，一个人在日常生活中，常用眼、耳、鼻、舌、身、意等六根，向外执取色、声、香、味、触、法等六尘欲乐，引生种种烦恼痛苦。三十年的修行，每日的二时粥饭，都只为了降伏心中的盗贼，能够如此领会，上山一转，心贼一提，佛法就此当下了！

利踪禅师对禅者的一番考验，实在是禅师的大机大用。昼夜二十四小时，如何守护我们六根的门户，不使它蠢动妄为呢？

俗话说：六根门头尽是贼，昼夜六时外徘徊，无事上街逛一趟，惹出是非却问谁？想一想，这是不是我们真实的写照呢？

生活在现代社会里，五欲六尘、名闻利养、贪嗔痴烦恼的包裹，想要修正我们错误的身口意行为，谈何容易！

平时，我们用眼睛看美色，耳朵听谄媚的话，鼻子只会闻到香味、舌头品尝美食，时常放松身体，意念不守法规……明明是自己有所贪求，却

去滓成器，去心垢染……乐享人生

故意压制和隐藏，等到惹出了事端，要么百般推脱责任，要么怪别人没有起到保护的作用，却丝毫不去思考自己有没有去贪离欲。有了贪欲，就没了真心；受到蒙蔽，就看不到真相，到最后，连自己安身的地方都找不到，追到最后，终究发现是一场梦。

那么，我们该如何卸下这些妄想妄缘呢？

在《华严经》里有一个偈语，那就是"大而化之"，意思是终生要起心动念就想尽虚空遍法界一切广大众生，不知不觉就把烦恼化掉了，这落实在生活上就是佛家常讲的"心包太虚，量周沙界"，老子所谓"有容乃大"心量广大，无所不容，这就是"大人"。他为什么能有这么大的心量？因为他对于事实真相彻底明白了，这么大的心量才是我们本有的。

我们不妨看看苏东坡的故事。提起苏东坡，我们想到最多的就是气势磅礴的"大江东去，浪淘尽"这样的诗句，可是，你知道这样的句子是在什么时候写下的吗？是在他落难时，看着江水而有感而发的。他得意的时候，很多人恨得要死，别人没有他的才气，当然要恨他。但是他落难时写的书法，笨拙、歪斜，却变成中国书法的极品。

他原来是朝廷大员，但因为政治原因，朋友都避得远远的。当时他的朋友马梦得，不怕政治上受连累，帮苏轼夫妇申请了一块荒芜的旧营地使用，苏轼始号为"东坡"。苏东坡开始在那里种田、写诗，他忽然觉得：我何必一定要在政治里争这些东西？为什么不在历史上建立一段光明磊落的生命情感？

所以他那时候写出了最好的诗。他有米可吃了，还跟他太太说，让我酿点儿酒喝好不好？"夜饮东坡醒复醉"是说，晚上就在这个坡地喝酒，醒了又醉，醉了又醒。"归来仿佛三更"则是，回来已经很晚。"家童鼻息已雷鸣"是说，当地还有一个小孩帮他管管家务，但是他睡着了，鼻子打呼。"敲门都不应"是指，苏东坡敲门都不应。我们看到他之前的诗，敲门都不应，就要发脾气了，可是现在就算了，他就走去听江水的声音，"倚杖听江声"。

苏轼变成了苏东坡后，他觉得丑都可以是美。他开始欣赏不同的东西，这是了不起的生命过程，他过去为什么这么容易得意忘形？他是才子，全天下都要认识他，然后他常常不给人好脸色，可是落难之后，他的生命开始有另外一种包容，有另外一种力量，他开始承担了，开始觉悟人生的真谛了。

所以，我们在品尝完世间的酸、甜、苦、辣、咸百味杂陈之后，最后出来的一个味觉是"淡"，所有的味道都尝过了，你才知道淡的精彩，你才知道一碗白稀饭、一块豆腐好像没有味道，却是生命中最深的味道。可是，如果这个觉悟、这个体会是在我们经历了若干事、追求了若干烦恼和欲望才得到的结果，未免令人唏嘘。

苏东坡最应该感谢的是：他不断被下放，每一次的下放心境就更好一些、自然一些，因为整个生命被现实的目的性绑住了，所以被下放的时候，才可以回到自我，才能写出这么美的句子。他可以感受到：历史上那些争名争利，最后变成一场虚空。可以"多情应笑我，早生华发"，是因为他回到了自我。

现实中的我们，追求美色、追求高官厚禄、追求物欲……总之，想追求一切美好的东西，正是这些所谓的"美好"的欲望把我们蒙蔽了，我们不停的追求，甚至连做梦的时间都放不过，你不信？莫非你没听过有人说在梦中中了500万，在梦中娶到了西施，在梦中如何如何……我们远离了自己，我们不是在乐享人生，而是在索求人生，这样我们如何能开心、快乐呢？

所以，这个"淡"，唯有你经历酸、甜、苦、辣、咸以后，才知道它的可贵。所以苏东坡写过一首很有名的诗说："回首向来萧瑟处，也无风雨也无晴。"回头看看你走过的这些年，问问自己心静吗？

其实，我们说追求的美其实是一个自我的循环，最后不管你是富贵，或是贫穷，有自我，才有美可言。如果这个自我是为别人而活着，为了若干欲望才活着，那么你的感觉都不仅不会美，还会累。

苏东坡如此、陶渊明如此，刚刚逝去的学者季羡林更是如此，他们看淡生活、追求生活自然的品行给我们做了一个很好的榜样，生活简单自然

去滓成器，去心垢染：乐享人生

平淡才是真，敢于承担、不攀外缘才是我们真正要追逐、享受的。

去贪离欲，可以修养真心：我们的真心不能现前，就是被贪欲蒙蔽，好比眼睛长了眼翳，看不清实相。不要侥幸你比别人聪明，利用某种手段得到了很多，有可能下一步，等你的，就是得到的背后的代价！龙牙禅师云："一室一床一茅屋，一瓶一钵一生涯；门前纵有通村路，他家何曾是我家。"生活简单自然，不攀外缘，虽然寒碜，却是安身立命之处。能够远离贪欲，卸下妄想妄缘，真心就能现起。

不要害怕被雕琢

与其说是别人让你痛苦，不如说自己的修养不够。——禅语

菩提一叶

有一间大佛寺里面，供养了一尊很大的铜制佛像，在大佛像旁还有一个一样是铜制的大磬，如果有信众到庙里供养、布施，寺里的师父就会敲一下大磬，这"锵"一下的声响，就是告诉佛祖："这个人供养了！"也是让大家高兴的意思。

有一天，正逢观音菩萨圣诞，很多信徒都来参拜，庙里的师父忙个不停，很多人上香供养，师父一直敲打大磬，不断的发出"当！锵！锵！"的声音。

到了晚上，信徒们都走了，大磬就跟大佛说话了："喂！实在有够不公平，我们两个都是铜做的，为什么信徒都是准备好东西来供养你，对你又是磕头又是跪拜的，对我就老是敲打，实在很不服！"

大佛对大磬说道："大磬啊！我今天这块铜被刻成这样，这是要经过多少的雕钻痛苦，承受多大的忍辱，最后才能雕成一尊佛像，所以我才能有今天这样的福报啊！"

　　大佛接着又说："你不过让人在供养时，稍微敲个两下，你就受不了了，老是爱抱怨，难怪你永远只是大磬，成不了佛像。"

　　同样是铜做的，大佛可以得到祭拜，而大钟却被敲打，是不是感觉到很不公平呢？

　　在没看这个故事之前，你可能这样思量：同样是人，为什么有人豪宅名车，你却不名一文？同样是一起进单位的同事，他凭什么升得那么快？同样是去进修学习，他为什么掌握了更多的知识？同样是做一件事，他为什么做得又快又好呢？那么请问：别人在艰苦奋斗、冒着风险的时候，你是不是只想着安逸的生活？在领导教导你的时候，你是不是表面毕恭毕敬，心里却一点不服气？在学习的时候，你是不是对老师的教导充耳不闻，自我如故？在同事善意提出意见的时候，你还嫌对方多管闲事，不能理解你？

　　这类人整天抱怨社会不公、体制不好、领导压制、同事争斗、下属反抗、朋友冷漠，但是他们却丝毫不觉得自己有什么短板。是的，你害怕批评，躲避指责，更加担忧误解和寂寞，如同故事中的那个大磬一样，只看到佛像金光缠身，受到信徒虔诚地膜拜，却忘记了佛像在雕刻中承受的痛苦；你也只会看到别人取得的成绩和光芒，却不知道别人经受的磨难和挫折。如果不明白这点，这也算是人生的悲剧了。

　　佛学中讲，一花一世界，一叶一如来，粒米大如须弥山。又说，从一滴水中可以品尝到海的味道。中国传统中，也说，一斑见豹、一叶知秋，我们要懂得从平常中看到不平凡，从小中见大。如果上升到理论，我们可以谈很多，譬如大磬没有明白舍与得的道理，没有理解付出和收获的道理，没有明白吃得苦中苦，方为人上人的景愿。这里，我们用佛教的话来说，你要求的"福报"并不是无缘无故，依靠求神拜佛就可以得到的，那

去浑成器，去心垢染：乐享人生

样只是你心灵上的安慰，你要做的就是学会雕刻自己，使自己的怨气和不满慢慢退却，让上进心和忍受力逐渐成长。

虽然说"不经一番寒彻骨，哪得梅花扑鼻香"你在小学就背得滚瓜烂熟，但是到了社会，面对花花世界，是不是就忘记了呢？做到不抱怨，成功就不会远。

其实，佛教中的"福报"从来就不是求来的，也不是凭空就可以得到的。人生就是这样一个苏醒的过程，这个世界层层叠叠地向我们展开，这一刻迷离的面目，下一刻就会清晰；这一刻不能宽恕的人，下一刻就会得到原谅；这一刻不能接受的事实，下一刻就会变得容易理解。我们必须不断消除着自我的狭隘、偏激和片面，一点一点苏醒着，活到老，并一直醒悟到老。

在纷繁复杂的生活中，随着我们年龄的增长，随着肩上责任和压力的加重，我们早已不再拥有孩子般天真无邪的心，甚至已经忘掉了该如何无拘无束地放声大笑。于是，各种各样的烦恼接踵而来，我们的心灵被搞得愁云密布。即使在美好的生活中，也感觉不出日子的幸福。

佛经上说："大慈与一切众生乐，大悲拔一切众生苦；大慈以喜乐因缘与众生，大悲以离苦因缘与众生。"我们的人生其实就是一个觉悟的过程。没有经历雕刻，就没有被人尊敬的位置；没有片刻的觉悟，就没有心境的纯净。

那些眼中只看到成功神话的人，肯定看不到那些成功者脚下曾经走过的坎坷。要知道，成功不仅仅是眼前的光鲜，也有背后的血泪，只不过你往往淡化后者。一个觉悟的人，从来不会害怕被雕琢、被压抑的，他们会接受痛苦，继而得到"福报"，这是佛教中禅的精要所在。那么，你呢，是不是还跟大磬一样，如果你还是害怕被雕刻，结果只有一个，你即使有着铜身却依旧被不断地敲打，直到被下一个大磬所代替。

禅言慧语

把每一件简单的工作做好，就是不简单，把每一件容易的事情做好，就是不容易。试想，机会不正是在不简单和不容易之后出现的吗？既然如此，我们唯有把每一件琐细平凡的工作都做得出色，机会就会无处不在。

佛学中有一句话是这样说的：福报不够的人，就会常常听到是非；福报够的人，从来就没听到过是非。很多时候，得与失，总会有一个平衡点。你不能总看见失落而痛苦，你该学着看见获得而欢欣。它们平均散布在你所在的时空，任你感受体会。如果你常感觉失落，那是你心眼偏差；如果你常体验获得，那是你的心态正确。

不要踏入三大陷阱

当你对自己诚实的时候，世界上没有人能够欺骗得了你。——禅语

去滓成器，去心垢染：乐享人生

菩提一叶

一个禅师带着三个徒弟下山游学，在山脚，看到一个农夫进城卖驴和山羊。山羊的脖子上系着一个小铃铛。禅师看见了，想考考徒弟们的智慧，就说谁能把农夫的东西盗走？

一个徒弟说："我去偷羊，叫农夫发现不了。"另一个徒弟说："我要从农夫手里把驴偷走。"第三个徒弟说："这都不难，我能把农夫身上的衣服全部偷来。"

第一个徒弟悄悄地走近山羊，把铃铛解了下来，拴到了驴尾巴上，然后把羊牵走了。农夫在拐弯处四处环顾了一下，发现山羊不见了，就开始寻找。

这时第二个徒弟走到农夫面前，问他在找什么，农夫说他丢了一只山羊。小和尚说："我见到你的山羊了，刚才有一个人牵着一只山羊向这片树林里走去了，现在还能抓住他。"农夫恳求小和尚帮他牵着驴，自己去追山羊。于是，第二个徒弟把驴牵走了。

农夫从树林里回来一看，驴子也不见了，就在路上一边走一边哭。走着走着，他看见池塘边坐着一个人，也在哭。农夫问他发生了什么事。

那人说："人家让我把一口袋金子送到城里去，实在是太累了，我在池塘边坐着休息，睡着了，睡梦中把那口袋推到水里去了。"农夫问他为什么不下去把口袋捞上来。那人说："我怕水，因为我不会游泳，谁要把这一口袋金子捞上来，我就送他二十锭金子。"

农夫大喜，心想："正因为别人偷走了我的山羊和驴子，神明才赐给我幸福。"于是，他脱下衣服，潜到水里，可是他无论如何也找不到那一口袋金子。当他从水里爬上来时，发现衣服不见了。原来是第三个徒弟把他的衣服拿走了。

之后，禅师和三个徒弟拿着农夫的所有东西出现在农夫面前，说道："这就是人生三大陷阱：大意、轻信、贪婪。你们要切记。"

故事中，农夫因为大意先是丢了山羊，又因为轻信别人给照看驴子，再丢了驴，最后居然贪婪那二十锭金子，连自己的衣服都丢了。相信很多人看到这个故事会一笑了之，认为自己不会跟农夫一样，会很好的控制自己，那么，现实中这比比皆是的例子你如何解释呢？

自己千辛万苦策划了一套图书，酒席上谈得高兴说漏了嘴，不曾想，没隔多久，书市上大量推出，你自己只有哑巴吃黄连；网络、电视、报纸上经常充斥着一些商品邮购，不仅价钱仅仅是实体店里的三分之一不到，而且还会赠送很多的额外物品，你心动了吗？很多高学历的人被人一骗再骗，却依然不觉悟，梦想着意外之财砸到自己……这样的事件也一直层出不穷。

佛学认为，贪与嗔、痴是危害心灵健康的三毒。尽管它是无形的，但由此带来的后果却往往是有形的。农夫会被偷光，究其根源，就是他的贪婪所致。

佛陀这样告诫他的弟子们："汝等比丘，当知多欲之人，多求利故，苦恼亦多，少欲之人，无求无欲，则无此患。直尔少欲，尚宜修习，何况少欲能生诸功德。少欲之人，则无谄曲以求人意，亦复不为诸根所牵。行少欲者，心则坦然，无所忧畏，触事有余，常无不足。有少欲者，则有涅槃，是名少欲。"

如果说，对于一个修道者来说，过多的欲望能够阻碍他的解脱，那么，对于我们个体命运而言，过多的欲望就会造成不断的失败，乃至陷入困境，大意和轻信也是如此。那么我们该如何避免踏入这三个误区呢？

对付大意，其实很简单，时刻让自己警惕起来。关羽大意失荆州，几乎改写了整个三国的战局；美国宇航局大意检查火箭，让"挑战号"73秒就被挑战掉，而你也可能因大意失去工作、薪水甚至生命。

对付轻信，不要轻信你自己的猜测，不要因为和你的意见相同而就加以相信，不要随便相信别人。"万物因缘而生"就是这样意思，世间的一切都是人对于客观的外物通过缘所产生的主观构想，因此我们所认识的对象与其本身是不同的，再通过我们的表达差异就更显著了。当然这并不是狭隘的让人们不要相信别人，只是要求人认识它应该更加全面，更加的客观！那么对比农夫，农夫应该问问我为什么要把驴子交给他呢？是因为他面善还是我自己着急找山羊，把驴子的安危忘记了呢？

对付贪婪，不可只是依据逻辑、推论，或事物的外表来决断事理。农夫看到第三个徒弟大哭，就相信了捞金子就可以得到金子的天真想法，却不曾想到，这个徒弟已经说了，金子是人家的，他有何权力赠送农夫呢？拿着一袋金子空手上路，也不太合乎常理。但是，农夫没空去想。因此，急躁地裁断事理是不妥的，智者应该同时明察正确与错误两方面。

大意和轻信在相互转换。我们一旦在主观问题上对某件事形成大意之心，内心立刻就会产生形形色色的轻信和贪婪。轻信和贪婪累积多了，我们的疑心就越来越重，以致分不清事物的本质，这都是滋生事端的导火索。其实，如同房间垂挂的厚重窗帘，大意和轻信如同房间里不断发酵的浊气。我们唯一清除它们的方法就是去掉窗帘，打开窗户，放出屋内的浊气。这时，我们都能够体会到清晨推开窗户，放进大自然清新空气的畅快！

现实中，这三个徒弟就是大意、轻信和贪婪，不是我们不知道要躲避

去滓成器，去心垢染：乐享人生

这些，而是我们还没觉悟。这三大陷阱会一直陪伴我们左右，正心需要格物，修身需要诚心，问问自己，觉悟了吗？

明智的人不易为别人的想法所影响。灯受到外面的风吹就易摇动，发出的光明就不太清楚，我们做事就会受其影响。同样，我们内心如果一直在大意、轻信和贪婪中摇摆，为人处事也会迷惑而不清楚。我们要借用佛学中的哲理，时时刻刻要守护好内在的清净心，启发内在的自性光明，这样才能避免踏入陷阱。

做到才重要

012

大多数的人一辈子只做了三件事：自欺、欺人、被人欺。——禅语

菩提一叶

唐代鸟窠道林禅师九岁出家，初随长安西明寺复礼法师学《华严经》和《大乘起信论》，后来学禅，参谒径山国一禅师得法，并成了他的法嗣。

南归后，道林见杭州秦望山松林繁茂，盘曲如盖，便住在树上，人们遂称他为"鸟窠禅师"。

元和十五年，大诗人白居易出任杭州刺史。白居易对禅宗非常推崇，听说高僧鸟窠住在秦望山上，非常高兴，决定抽空上山探问禅法。

一天，白居易上山来参访鸟窠禅师。他望着高悬空中的草舍，十分紧张，不由得感慨："禅师的住处很危险哪。"

鸟窠禅师回答说："我看大人的住处更危险。"白居易不解地问："我身为要员，镇守江山，有什么危险可言？"

鸟窠禅师回答说："欲望之火熊熊燃烧，人生无常，尘世如同火宅，你陷入情识知解而不能自拔，怎么不危险呢？"

白居易若有所思，又换了个话题，问鸟窠禅师："什么是佛法大意？"

禅师回答说："诸恶莫作，众善奉行。"白居易讥笑说："这话连三岁小孩都知道。"

鸟窠禅师说："虽然三岁小孩都知道，但八十岁老翁却未必能做到。"白居易豁然开悟，施礼而退。

白居易不辞劳苦地从城里赶到山上去拜访道林禅师，看到禅师住在一个他看起来极其危险的地方，却不想被禅师点破他自己的处境恐怕是更危险；问及禅师佛法的精要，得到了禅师"诸恶莫作，众善奉行"的提醒，本以为禅师空有虚名，却被禅师一番知却不为的话点透人生，豁然开悟。

那么，这个故事讲出了什么呢？在我看来，鸟窠禅师给我们提出了两点：第一，人一定要有危机感；第二，很多事我们可为却不为。

故事中，禅师说到白居易更危险是有针对性的，因为政治家的处境真是危机四伏，像贬职、垮台、革职或被诬陷当替死鬼等等，早已屡见不鲜。白居易也正是因为被贬职从京城来到杭州的。所以，我们先来说说危机感的话题。

有这样一个故事：一只山猪在大树旁勤奋地磨獠牙。狡猾的狐狸好奇地问道："现在没有猎人来追赶，也没有任何危险，你为什么要这般用心地磨牙呢？"山猪答道："你想想看，一旦危险来临，我还有时间磨牙吗？现在磨利了，等到要用的时候就不会慌张了。"

山猪给我们的启示是：世事无常，祸福相依，越是一帆风顺的时候，越要居安思危。管理者做任何事一定要深谋远虑，更要有应万变的能力，能对付不可预知的意外事件。这样才不至于害了自己，害了整个团队；职场中的你也要居安思危，居功自傲而自食苦果的例子不胜枚举。

有句古话你一定熟悉："生于忧患，死于安乐。"用现代的流行语言来说，就是要有危机意识！一个国家如果没有危机意识，迟早会出问题，大

去浮成器，去心垢染：乐享人生

清国的历史就是目中无人的结果；一个企业如果没有危机意识，迟早会垮掉，雷曼兄弟疯狂地进行衍生品的交易，最后玩火自焚；个人如果没有危机意识，迟早会遭殃，那些眼前得意、转身落魄的人更是数不胜数。

我们曾经看到这样的一些人，他们看上去风光得意，却没有发现自身正处在危险的境地之中，并且对他人的劝阻毫不在意，最终落得身败名裂。人生在世，要时时反省自己，懂得听取他人的意见，这样才能使自己少犯错误，生活得更加快乐平安。

未来是不可预测的，而人也不是天天走好运的。有道是"未雨绸缪，善养天机"，如果我们做什么都没有危机意识并相应地做好准备，不要谈应变，光是心理受到的冲击就会让你手足无措！具有了危机意识，就能够提前做好应变方案，防患于未然。即使不能把危机清除，也可把损害降低，并为日后东山再起留下一线生机。

两个人在森林里面遇到老虎，其中一个人因为准备了跑鞋而成功逃生。过去我们是憎恨这个人"大难来时各自飞"的行径，而现在我们应该学习他具有居安思危的危机意识。

那么，你准备好那双跑鞋了吗？

再来看可为却不为，也就是所谓的"知易行难"。对白居易这样为官一方的人来说，扬善惩恶，虽是老幼皆知极为平常的道理，但八十岁老翁历经年久，未必能做到。这番禅语对身为地方长官的白居易来说，尤为重要。

对于我们芸芸众生来言，知易行难是很多人的通病，也出现了奇怪的"知难一族"：明明知道分类垃圾对保护环境有很大的帮助，却依然乱扔乱放；知道谦让礼待他人是我们的传统美德，却往往对陌生人横眉冷对；知道工作必须马上完成，却还是一拖再拖；我们知道要抽时间回家看看年迈的父母，多陪陪辛苦的妻子，带孩子出去玩一玩，可是总是有很多的事情，或者干脆就没兴趣了。总之，我们知道该做的事很多，却总是磨蹭不前。

我们知道有句话是这么说的，我们的生活迈入了"不慌特忙"的时代。是的，我们知道的很多，拥有的也很多，但同时我们更懒惰了，我们就是不去做一件看起来很容易、很明显的事，就跟白居易问禅师佛法大意一样，"诸恶莫作，众善奉行"，这个连蹒跚走路三岁小孩都明白的道理，白居易却还要咀嚼半天，相信我们很多人也是如此，我们越活越倒退，谁之错呢？

虽然处世哲学有千万之多，但是明白道理的很少，践行者更是凤毛麟角，明明自己没有做到，还要怨天怨地，受到惩罚也只能是自作自受。

因此，我们该如何通过禅理来指导自己呢？很简单：第一，让自己有危机意识，跑起来；第二，知道了就去做，少说多做。

禅言慧语

所谓安莫安于知足，危莫危于多言，贵莫贵于无求，贱莫贱于多欲，乐莫乐于好善，苦莫苦于多贪，长莫长于博识，短莫短于自恃，明莫明于体物，暗莫暗于昧几。因为芸芸众生，知理践行最根本。

白天求生存，晚上求发展

> 要了解一个人，只需要看他的出发点与目的地是否相同，就可以知道他是否真心的。——禅语

菩提一叶

两个和尚分别住在相邻两座山上的庙里，这两座山之间有一条河，两个和尚每天都会在同一时间下山去河边挑水，久而久之便成了朋友。

不知不觉五年过去了，突然有一天左边这座山的和尚没有下山挑水，右边那座山的和尚心想他大概睡过头了，也就没太在意。哪知第二天，左

边这座山的和尚还是没有下山挑水。一个星期过去了，右边那座山的和尚心想我的朋友可能生病了，我要过去看望他，看看能帮上什么忙。

等他看到老友之后，大吃一惊，因为他的老友正在庙前打拳，一点儿也不像一个星期没喝水的样子。他好奇地问："你已经一个星期没下山挑水了，难道你可以不用喝水吗？"这个和尚带他走到庙的后院，指着一口井说："这五年来，我每天做完功课后都会抽空挖这口井，即使有时很忙，能挖多少算多少。如今，终于让我挖出了水，我就不必再下山挑水了，可以有更多的时间练我喜欢的拳了。"

美国第三十任总统柯立芝说过这样一段话："要勇往直前，只要有信心，必无难为事。才能不足为凭，世上多的是空有才能而一事无成的人；天赋不足为恃，腹内空空的天才随处可见；学历不足为傲，社会上也充斥着受过教育的败类。唯有毅力与决心，才是无所不能的。"

这段话说的是什么意思？简而言之，就是说我们要活在希望当中，我们要为以后积极做准备。故事中的两个和尚天天都一样的去挑水，而五年之后，其中一个和尚自己打出了水井，可以悠闲地练习拳法，而另一个呢？只能继续天天去河里打水，即使想打井，也很可能要么打出的没水，要么几年之后才能成功。

我相信，你很容易遇到一些自以为见过世面的人，在你抱着希望试图创新时，以老气横秋的口吻对你说："奉劝你别做白日梦啦！实际一点的好。""主意不错，真正做着就难了吧！""别浪费时间精力去冒险！"

其实，人在平平淡淡的生活之中，习惯性的反应是采取消极的态度，变得保守退缩，甚至患得患失、逃避困难。于是把心力都放在如何减少损失，或者心生退却，昧于现实，而不再抱着希望，努力发挥潜能。其中，右边山上的和尚就是这种状态，反正有水喝，过一天算一天。但是，他却没有想到若干年之后自己肌体的衰退，没有想到突发事件对水的影响，这样，如何才能让自己的生活安稳呢？

正确的做法是人做任何事都要抱着希望，为下一步做准备。希望是指愿意主动实现其生活，让生活更美好、更健康、更有活力；为下一步做准备即是眼光放远一些，多给自己一些回旋的余地。

当然，希望肯定不是消极的期待，而是主动的创造，和尚五年来坚持不懈的打井就是最好的佐证。因此抱着希望的人，总是心怀具体的目标和理想，而非虚幻的空想。他们不断孕育新的生活，心智不断成长，因此生命也是蓬勃地发展。

《唯识论》中说道："云何为欲？于所乐境希望为性，勤依为业。"这句话的意思是希望的具体表现就是欲，它形成具体的目标和实践的动力，而令自己乐于完成它，乐于实现它，从而缔造幸福的生活。

我们的生活目标、意义和价值观念，都可以称为欲，它的特性就是希望。挑水的和尚希望打口井可以不去天天挑水；学习的人，希望自己多掌握知识，以便应付更多的考验；职场上的人希望掌握更多的经验，以便充实自己、强大自己……而一旦我们有了希望就会乐于行动，而且勤奋地振作起来。其实，生活的丰富感，不就是从欲和希望中创造出来的么。没有期待和希望，生活就会落空，心智消沉的人，大部分都由于看不出希望，或者他们给自己订了一个遥不可及的目标，以致希望落空。看到这里，我们会更觉得故事里的和尚觉悟之深。

希望、现实、行动和成长是分不开的。我们假如想订一个目标，能激发乐观奋斗的勇气，就必须从上述四个因素着手，缺一不可。就现实而言，有人失业，面对失业是痛苦的、是恐惧的，也是空虚的。因为他没有希望、没有目标，不知从何着手，眼看着身边的储蓄就要耗尽，这时，有些人采取消极的行动，堕落、借酒浇愁，甚至在无聊空虚中闯下祸事。这样的人，显然不怀希望，而变得衰退。

反之，有明确目的性的人会采取新行动，试探新的生活目标。有这样一个小故事：由于公司倒闭，一个人失业了。有几天他待在家里，觉得无聊恐慌。正好朋友找他做义工，他想失业期间，闲着也是闲着，就到社团去做服务工作。服务工作结束的检讨会上，他结识了一位企业负责人，给了他一份新的工作。难道，这不就是自己给自己希望，自己给自己打一口

去滓成器，去心垢染：乐享人生

通向成功的井吗？

在工作领域，你的老板即使给你再多的薪水，对于你而言，那也只是挑水，可别忘记把握下班后的时间不断充实自己，挖一口属于自己的井，培养自己的实力和经验，这岂是多给钱能代替的？不仅工作如此，其他领域也都莫不如此。

所谓白天求生存，晚上求发展，昨天的努力就是今天的收获，今天的努力就是未来的希望，多年前不分伯仲的同窗好友，如今的境遇不可能相同。岁月不饶人，当年龄大了，挑不动水时，你还会有水喝吗？别忘了现在就行动！

禅言慧语

怎么样能够在工作中找到知足？怎么样能够在工作中找到快乐？就是人不应该成为工作的奴隶，而要成为工作的主人，一旦你当了工作的主人以后，你不是工作的奴隶了，你就能找到快乐。

其实，命运一直藏匿在我们的思想里。许多人走不出人生各个不同阶段或大或小的阴影，并非因为他们天生的个人条件比别人要差多远，而是因为他们没有想过要将"阴影纸龙"咬破，也没有耐心慢慢地找准一个方向，一步步地向前，直到眼前出现新的洞天。

放下才能拥有

当你手中抓住一件东西不放时，你只能拥有这件东西，如果你肯放手，你就有机会选择别的。——禅语

菩提一叶

有这么一件事：有个人搬到县城去住了，旧房子一时还没有找到买主，所以就空在那里，没人管理的院子里一两个月的时间就长满了荒草。最近连着下了两场暴雨，邻居的院墙由于地基塌陷一下子倒在了这边的院子里，把这个人心爱的一棵石榴树砸得残枝断叶面目全非。

那石榴树是搬家这个人结婚时栽下的，今年上面挂满了青绿色的小石榴，看上去很喜人，所以当这个人面临这突然而来的"横祸"时，心里非常的恼火，就打电话给他的邻居，让他回来解决问题。他的邻居在电话里满口答应回来，可谁知他在家等了一个星期也没见到邻居的影子，对此他很生气，决定亲自到县城去找他的邻居。当他从汽车下来时，正好经过水云寺，恰好他是个亲佛之人，不免要进去烧一束香。

等这个人烧完香坐在回廊的石桌边，暗暗思忖去找他的邻居该怎么说，其实他的心里也很矛盾，因为平时邻里关系处得还是很好的，但是邻居这种漠视态度又实在让他高兴不起来。

这时候他看到另一个石桌边坐着一位年龄很大的师父，就上前去施了礼，把事情的经过对师父讲了，希望师父能给他点开示。

师父问："你现在心里如何感觉？"

他说："被这苦恼折磨得不得安宁。"

师父就说："你一直把那棵石榴树背在身上，当然不会安宁了。"

他说："求师父指点迷津。"

师父微微一笑，说："这不难，你放下便是。"

这个人一怔，然后便悟出这句话的真义所在，感激地向师父施礼而去。他回到家以后，就自己动手把压倒石榴树的残墙断壁清理干净，然后把那些砖头整齐地码在邻居的院子里，又找来工具把石榴树的残枝败叶修剪掉，留下几枝较整齐的主枝。要知道石榴树的再生能力很强，要不了多久就会重新抽出新绿的。

又过了两天，他的邻居才急匆匆地从县城赶回来，一见面就不住地道

去渣成器，去心垢染，乐享人生

歉，说是他的单位突然有了点儿事情，所以脱不开身。这个人并没有就此而责备他的邻居，当他的邻居掏出钱来要赔偿他的损失时，他拒绝了，说没有关系，石榴明年还会再结的。然后他又热心地帮助邻居一起修复了院墙。他的邻居临走前，紧紧地握住他的手，神态里充满了感激之情。

老师父的一句"放下便是"便化解了一场邻里间可能发生的冲突，这是不是让我们有所觉悟呢？

我们总是在说要活得快乐一点儿，又总是言不由衷，将许多烦恼和不快乐挂在心头，无法卸去。你也不要说这样的事太小太小，如果我们连这样小小的快乐都抓不住，还怎样企盼人生大的快乐呢？因为，我们没有认识快乐的真谛，所以我们总是在快乐的周边游离，抓不住快乐的本质。

我们时常提醒自己放下对老板的不满、放下对同伴的成见、放下对公司的抱怨，我们也很明白对事不对人的道理，我们在职业生涯开始的第一天就很清楚工作中要公私分明，可是你认真地用心去回忆一下那刚刚逝去的，在办公室里度过的八个钟头，你真的能放下以上所说的，真的能做到你应该做到的职业操守吗？无论你是不是领导，只要你有一份正当的职业，而且依此谋生，并希望这份工作能更好地提高你生活的品质，你就应该放下你的"看法"，不要再紧紧抱着它们走进你的团队。因为"拿起"，远远比"放下"辛苦得多。所以我们才会常常酿成"拿得起"却"放不下"的错误。

回想一下，在我们长成大人的过程中，你是否事事都要较真？我们总是拿得起却放不下，这样下去，进来的越来越多，出去的却越来越少，谁能不烦呢？古人说过：庸人自扰。当我们看见一些快乐的人时，常常会这样说：你怎么像小孩一样呢？我且问你："快乐得像小孩一样有什么不对呢？难道像你成天把烦心事留在心里就舒服了？大人若能留有一份童心，是不是就找回了一份快乐呢？"

很多时候，一些烦恼都是我们平添的，犯不着为它吃不香、睡不好。最好的解决办法就是"放下"烦恼，只有你心里不计较了、不怨恨了，才不会痛苦，也才能走出烦恼的困境，寻找到光明的途径。

还有一个小故事，我们不妨看看：说有一老一小两个和尚，下山化缘，途经一条河，河水不是很深，但很宽，也没有桥。于是这一老一小两个和尚卷起裤腿准备蹚过河去。

正在这时，来了一位妙龄少女，衣着鲜艳，楚楚动人。这少女也是要过河去的，因此来到河边就发愁了。想了一会儿，于是过来央求小和尚背他过河，小和尚一听脸就红了，双手合十说道："阿弥陀佛，男女授受不亲，更何况我是一介出家人，此事万万不可！"少女于是转向老和尚。老和尚二话不说，背起少女过了河。

少女走后，小和尚问老和尚："师父，你老人家不是常说什么男女授受不亲之类的吗？为什么今天你可以和一个少女如此亲近呢？"

老和尚没有理会他。小和尚觉得很不甘心，于是一路走，一路问！三个时辰后，小和尚仍在絮絮不休！老和尚这时对他说道："我早已经放下了，你为什么还背着呢？"

是啊，我早已经放下了，你为什么还背着呢？眼睛不要老是睁得那么大，我且问你，百年以后，哪一样是你的？我们让不好的习惯控制了自己，总是被鸡毛蒜皮的小事带动自己的情绪；我们让自己压抑，生活似乎已经让我们透不过气，再多一点都已经承受不起；我们让烦恼在心中缠绕不断，却还在怪别人对你如何如何。要怪，先怪自己。

人生在世，该端起的时候要端起，该放下的时候要放下，需要的就是这份从容洒脱。对于忙忙碌碌的现代人来说，首先要做到的，就是看破、放下。当我们拥有时，我们固然要珍惜它。但是该放下的时候，就要勇敢地放下。

人生其实也就是选择的过程，而放弃正是一门选择的艺术，是人生的必修课之一。没有果敢的放弃，就没有辉煌的选择。放弃是一种灵性的觉醒，是一种慧根的显现，一如放鸟返林、放鱼入水。学会放弃，才会有所收获。当一切尘埃落定，当一切归于平静，我们才会真正懂得放弃其实也是另一种美丽的收获。

去滓成器，去心垢染：乐享人生

因此，我们每个人在面临着人生的种种不如意和利益纷争的时候，都能够常常想到这句"放下便是"。不放下，你如何体会海阔天空的博大、蓝天绿地的清淡、阳光空气的美好呢？放下就是拥有，这样我们的生活一定会可以减少一些不必要的麻烦，一定可以减少一些敌人而增加一些朋友，一定可以在行程中拥有更多快乐和从容的时刻。

禅言慧语

人生在世，我们有太多的东西放不下：对功名放不下；对金钱放不下；对爱恨放不下；对贪心放不下；对别人的错放不下……这种种放不下，使得我们像蜗牛一样，背上压着房子还得觅食行走，活得太过辛苦也压抑。

正确的放下，是一个人生理与心理健康成熟的表现。我们应该根据自己的实际，放下自己能力以外、精力不及的部分，放下那些不切实际的目标，放下那些无所谓的小事，放下你的斤斤计较……唯有如此才能从中解脱出来，把握住正确的道路和方向。只要随遇而安就能自得其乐；只要放下就能解脱。放下是一种选择、一种智慧。

觉悟

JUEWU

魅力从哪儿来

不是某人使你烦恼，而是你拿某人的言行来烦恼自己。——禅语

菩提一叶

有一位女施主，家境非常富裕，不论其财富、地位、能力、权力，及漂亮的外表，都没有人能够比得上，但她却郁郁寡欢，连个谈心的人也没有，于是她就去请教无德禅师，如何才能具有魅力，以赢得别人的欢喜。

无德禅师告诉她道："你能随时随地和各种人合作，并具有和佛一样的慈悲胸怀，讲些禅话，听些禅音，做些禅事，用些禅心，那你就能成为有魅力的人。"

女施主听后，问道："禅话怎么讲呢？"

无德禅师道："禅话，就是说欢喜的话，说真实的话，说谦虚的话，说利人的话。"

女施主又问道："禅音怎么听呢？"

无德禅师道："禅音就是化一切声音为微妙的声音，把辱骂的声音转为慈悲的声音，把毁谤的声音转为帮助的声音，哭声闹声、粗声丑声，你都能不介意，那就是禅音了。"

女施主再问道："禅事怎么做呢？"

无德禅师："禅事就是布施的事，慈善的事，服务的事，合乎佛法的事。"

女施主更进一步问道："禅心是什么呢？"

无德禅师道："禅心就是你我一如的心，圣凡一致的心，包容一切的心，普利一切的心。"

女施主听后，一改从前的骄气，在人前不再夸耀自己的财富，不再自恃自我的美丽，对人总是谦恭有礼，对眷属尤能体恤关怀，不久就被夸为"最具魅力的施主"了！

我们可能拥有财富、地位、能力、权力以及外貌，但是我们却总是无法得到别人的尊敬和夸耀，反而总会遭到别人的怨恨与误解，这是为什么呢？我们总觉得自己魅力十足，在什么地方都想做焦点，可是别人要么对你嗤之以鼻，要么就是敬而远之……这些是为什么呢？

看完了上面的故事，或许你会觉悟到禅师的话实在精辟至极。

先说禅话，禅师教导女施主说欢喜的话，说真实的话，说谦虚的话，说利人的话。这是什么意思呢？就是我们日常生活中，说话不要违心违德、喋喋不休、胡言乱语、损人利己。这也就是所谓的"爱语"。

去滓成器，去心垢染：乐享人生

爱语指的是良好的沟通和适时的赞美。它可以增进人与人之间的感情交流，增加一个人的自信心和智慧，正如俗语所谓"好语一句三冬暖"。假如你是一位企业家，背后都有一群具有共同目标的部属。如何将教育背景、成长环境各自不同的人，培养成为具有共同目标、各展所长的干才，就需要靠企业家良好的沟通技巧，并随时对部属的表现给予适时、适当的赞美；假如你是一个职员，身边肯定有一群共同或者相似职能的同事，如何与他们良性互动、团结合作，同样需要靠你的交流方式。

再说禅音。把辱骂的声音转为慈悲的声音，把毁谤的声音转为帮助的声音，哭声闹声、粗声丑声，都能不介意。

有这么一个故事：一次，一个外道对佛陀大声辱骂，非常无礼，然而佛陀终保持沉默，不加反驳。事后一位弟子就忍不住问佛陀，刚才有人骂您，您为什么都相应不理，不回一句话呢？

佛这时反问弟子说："如果有人送礼给你，而你不愿接受，那么这些礼物要怎样处理呢？"

弟子说："这时送礼的人就会把礼物带回去。"

佛说："对。如果有人骂你，你保持静默，不加反驳，那么这些骂人的话无疑的就由骂人者自行收回。因此有时候沉默乃是最好的抗议。"

因此，你根本不必回头去看咒骂你的人是谁？如果有一条疯狗咬你一口，难道你也要趴下去反咬它一口吗？这也是禅音的妙处所在。

再则就是禅事，这是布施的事、慈善的事，服务的事。反省一下，自己在做事的时候是不是只考虑自己了呢？与自己无关的事，看都不看，对别人的痛苦和伤心冷漠至极。

也许有人说，不对啊，我经常做慈善，还去寺庙还愿。那么，请问你是借着慈善的名义想解脱自己内心的慌乱呢，还是仅仅做一个姿态而已？佛陀说过，在你贫穷的时候，那你就用身体去布施，譬如说扫地、洒水、搬东西等，这也是一种布施。这种纯洁的布施要比你有钱的时候，天天去烧香拜佛保佑你赚更多的钱心纯得多。

禅事，还可以理解为利行。行利国利民之事，都可称之为利行。古人所谓"君子成人之美"，我们也要有这样的气度，协助别人克服难点，发挥他们的长处，认识自己的价值；当别人遇有困难，能够去理解和帮助，正如古哲所说："助人者，人恒助之。"

禅话、禅音、禅事可以用三个词代替，那就是爱语、仁德、利行。我们要记得，禅，不是理论，禅是生活，生活里有禅，就会人人尊，处处贵，有禅，人生前途无往不利！用禅指导人生，觉悟道理，你的魅力自然就会体现。

🌸 禅言慧语 🌸

凡事多看好的一面，就容易理解与宽容，不仅能减轻对方的痛苦，事实上，是在升华自己。因为，用瞋怒的心来面对一切的人事物，我们的人生也将时时愤愤不平，陷于琐屑的烦恼之中，因为别人一句无心的话，却多心地曲解。

过度保护自己的人，就像自己拿了好多条绳索绑住自己一样，常常扭曲了别人的用意，自寻烦恼。而当我们包容别人的时候，我们反而能得真正的快乐。当我们自己的心窗纤尘不染时，理智的阳光就会驱散心头的晦暗，只要我们愿意朝向阳光，阴影自然就落在身后。

别忘记摘个苹果

每一种创伤，都是一种成熟。你要从中得到感悟。——禅语

🌸 菩提一叶 🌸

一位老和尚，他身边聚拢着一帮虔诚的弟子。有一天，他嘱咐弟子每人去南山打一担柴回来。

弟子们匆匆下山去了，等他们走到离山不远的河边，人人目瞪口呆。只见洪水从山上奔泻而下，无论如何也休想渡河打柴了。

无功而返后，弟子们都一下变得有些垂头丧气。唯独有一个小和尚坦然相对，没有丝毫怨意。于是师父问其故，小和尚就从怀里掏出一个苹果，递给师父说："过不了河，打不了柴，见河边有棵苹果树，树上结了唯一的一个苹果，我就顺手把它摘下带了回来。"师父听后，对他进行了一番赞赏。后来，这位小和尚成了师父的衣钵传人。

你肯定听过这么一句话，在雨中摔倒了并不可怕，因为你可以抓起一把泥。可以预见，我们在生活、工作、学习过程中，肯定会遇到各种各样的挫折和苦难，那么，你该如何对待它们呢？

一般来说，可以分为三种情况：第一种是掉头就走，反正水大过不去，就好比困难太大，没法克服，趁早就返回；第二种是我能不能冒险游过去呢？这样一来，我就可以顺利达到目的（砍柴）了。可是，这往往忽视了你该如何平安地带着柴返回呢？这样，他们陷入了困境。第三种就是无论如何是过不去了，这个特定的目的（砍柴）无法达到了，我能不能干点儿别的呢？他们更多的是考虑周围的事物有没有利用的价值。这也是真正对生活有觉悟的人才能达到的境界。

这个故事讲了什么道理呢？世上有走不完的路，也有过不了的河，也有迈不过去的坎。过不了的河掉头而回，是智慧；放弃迈不过去的坎，也是一种智慧。但真正的智慧还要在河边做一件事情：譬如摘一个"苹果"；采几朵小花……如果我们有这样一种生活信念，实现了人生的突围和超越也并非难事。

诚然，在初始目标貌似庞大、困难而无法完成的时候，要学会暂时忘掉它，"忘掉"其实也是一种进步，这样可以让你更快的进入当下，审视现在的处境和状态，寻找一个新的存在理由，此路不通我可以绕路而行，绕路不行我可以择路而行，万万不能做的就是感叹、苦恼、无功而返。这样，你不仅没砍到柴（目的没有达到），还白白跑了一趟冤枉路，这不费时费神还堵心么！

来看一个小故事：一个外贸供货商每隔一段时间就会派业务员去代理商家那里收货款，这是个再普通不过的行为，很多商贸公司都是这样做的，定期收账，拿钱走人，如果不能拿到钱，业务员就会磨蹭。

而这家公司的经理要求自己的业务员不能为了收钱而收钱，他的业务员每到一个客户的店里收账时，都会顺便帮忙理理货，或者向代理商传达一些国内外同行信息，譬如"其他店里什么产品好卖，你应把某某产品摆在显眼的地方"、"最近正在研制的产品"，等等。这样一来，即使没有收到钱，他们公司的业务员也没有白跑一趟，至少给终端客户留下了良好的印象。

后来金融危机爆发，很多外贸经销商都陷入资金链断裂的困境，只有这家公司安然过关，因为他的国内客户给予了全力的支持，退货不催钱，并愿意用新产品抵货。这个商贸经理感慨，这个结果出乎他的意料，但也在他的意料之中。如果每次单纯地去收钱，今天，倒闭的肯定也有他，正是他积极开拓市场，维护代理商的利益而不是就想着收钱给他带来宝贵的支持。

是的，人生原本是有许多种目的的，可是并非人人都能如愿以偿，那么没能如愿的人，有可能只是捡到一个苹果，只要你觉得苹果是甜的，只要你觉得开心，也就是种幸福了！如果我们的目的性太强，反而会让我们忽略很多东西，就像那个苹果，就像外贸商的幸存……

"山重水复疑无路，柳暗花明又一村"这谁都懂，但就是不去深究其本质，我们往往认为只有达到唯一的目的才是胜利，却不懂得目的在这个善变的社会里，"不成功，便成仁"已经不能适应了，我们需要的是更宽阔的视野和心态。

我们不能"一叶障目，不见泰山"，也不能憎恨风雨，而忽视了彩虹。很多时候，第二目标更能带来惊喜。你比他人多看的风景、多做的努力，往往是别人忽略的东西。所谓成功，无非就是你做了别人忽略的事情。所以我们要记住一句话：别让你每趟路空跑，记得看看路边有没有苹果树。

去滓成器，去心垢染：乐享人生

这个世界存在着种种不同的标准。你只是站在自己的立场上，确信一切都好。如果换个角度，结论可能会完全不同。真正有价值的，是拥有一颗开放的心，有勇气从不同的角度衡量自己的生活。那样，你的生命就会不断更新，每一天都充满了惊喜。

纷繁的静心，才能超越世俗，对生活而言，与生命所企求的只有希望。同时要坚定信心，寻求乐趣，在痛苦中表现刚毅，在逆境中表现勇敢。从工作中求得经验，从事实中求得进步，培养深厚的力量，努力地使自己的心智充实，超越世俗的一切，自求安定。

028

觉悟

J U E W U

你原本就很快乐

你的财富并不是因为你拥有的很多，而是你要求的很少。快乐也如此。——禅语

菩提一叶

一个有钱人，不知道怎么样找到快乐，于是背了一袋子金币去寻找快乐，他问了好多的人，如果谁能告诉他找到快乐的方法，他就把金币送给他。但所有人的答案都无法让他满意。

后来，有人告诉他，山上的寺院里有一位修行人，不妨去请教。有钱人来到山上，把他的苦恼说给了师父，师父一直打坐没有理他，于是他一人说来说去说累了，然后就睡着了，等他醒来后发现师父和金币都没了，有钱人难过地哭了起来，心想快乐没找到，一袋金币还平空丢了。他很不甘心，开始四处寻找师父，最后实在是累得不行了，又回到了寺院里等师父，发现师父和金币依旧在原地，这个人又乐了。

师父开示说："您原本就很快乐，为什么还要寻找呢？"

快乐，是我们每个人都想追逐的，那么，现在的你快乐吗？

这恐怕是一个最简单的问题，但也是一个复杂的问题。

说这个问题简单，是因为只需要几个字来表达自己的内心；说它复杂，是因为我们通常会因为它神色茫然、陷入迷茫。

快乐，对于大多数人来讲，肯定会有，但很短暂：平时有那么多的事情让你烦心，周围的人有的买了房、有的购了车、有的升了职、有的出了国……这世界变化太快了，你能不急吗？你只有拼命地往前赶，哪儿有时间快乐呢？快乐？也许在不久的将来吧！

我们身边的许多人是不是每天都在不停地忙碌着？是不是许多人都把"忙着呢"、"烦着呢"、"真让人着急"等语言挂在嘴边？

"等我赚够了钱，就没什么揪心的事儿了，到时候我会很快乐。"

"等我升上经理的位置，我就快乐了。"

……

难道真如上面所说的，达到特定的目的就能快乐吗？快乐真的有这么难吗？不，其实快乐是很容易的！因为快乐是一种习惯。

哲学家罗素年轻时，时常"憎恨人生，并徘徊在自杀的边缘"。等到他慢慢成熟后，他觉得不能枉此一生，人生应该有所追求才对，而他对知识的热烈追求，不仅救了他的命，而且活得越来越好。他写道："我的一生，是由三种单纯而又强烈的热情支配着，即对爱情的渴望、对知识的探索，以及对人类苦难无法抵制的同情心。"他对世界抱有强烈的兴趣，对未来充满美丽的幻想。

我们活着，总应该有所寄托与追求，或是为了爱，或是为了成功，或是为了某种信念。这不仅使得生命充满意义，更使自己活得有奔头、有乐趣。确实，好人总是快乐的，爱心的奉献是一种付出，更是一种快乐的享受。

去渖成器，去心垢染：乐享人生

心理学研究发现，一个人身心一直处于紧张、痛苦的状态下，易得心脏病、胃肠炎等，而且不利于健康性格的形成。医生说过："不要把注意力只盯在食物上，夫妻同吃一样的食品，可是为什么丈夫患冠心病的概率要比妻子多5倍呢？"问题在于男人承受的心理压力比女人来得大。

一位哲人说过："生命中只有两个目标，其一是追求所要求的；其二是享受你追求到的。只有最聪明的人，可以达到第二目标。"我们是活生生的人，我们有责任为这个世界奉献光和热，也有权利为自己创造一个好天地，里面充满阳光、花香、爱人的梦话和美酒的色彩……如果说痛苦是一种深度，快乐则是一种高度。快乐的人往往健步如飞，对工作感到称心，对生活感到满意。快乐正如呵欠，可以传染，快乐的人也总受人欢迎。

我们看看先哲是如何做的。孔子一生追求快乐，无时无刻不觉得自己是快乐的。《论语》开篇就说，"学而时习之，不亦说乎？有朋自远方来，不亦乐乎？人不知，而不愠，不亦君子乎？"治学、交友、悟道、接人待物、修身独处都是快乐的，不仅如此他还要安贫乐道、乐而忘忧、乐此不疲，不知老之将至。

谁都知道人生是辛苦的，人身有生、老、病、死，每个过程我们都逃不出成、住、坏、空的命运。佛教中说道，烦恼即菩提，关键是一个"转"字，孔子一生悲惨苦难，人生的三大悲剧他基本都赶上了：幼年丧父，中年出妻，老年丧子，政治失意抱负不得施展……但是，你在《论语》中能读出一个"苦"字吗？而"乐"却随处可见。足见孔子的秘诀是，人生是苦的，人心却应该是乐的，苦中作乐再苦也不苦。

那么，我们如何抓住快乐的尾巴呢？

快乐中有超脱。孔子能够甩开名利得失，追求一种真正的心灵生活。他说过："饭疏食饮水，曲肱而枕之，乐亦在其中矣。不义而富且贵，于我如浮云。"这话的意思是说：吃粗粮，喝白水，弯着胳膊当枕头，乐趣也就在这中间了。用不正当的手段得来的富贵，对于我来讲就像是天上的浮云一样。

其实人总是要有一点精神的，为了自己的理想，就要不断追求，即使生活清苦困顿也自得其乐，而不会为了名利得失而丢失自我。在《论语》中，孔子很少谈到利害，凡是谈"利"的问题，基本上都是主张"先义后利"、"重义轻利"。这些正是我们这些现代人要学习的，为什么现在物质、生活水平提高了，精神、思想却困顿落后了？有多少人在物欲横流中颠倒迷失自己，对于他们，找回自我才是当务之急。

快乐中有智慧。快乐是一种感觉，与贫富贵贱无关。正如故事中的那个人，带着金币去找快乐，等他丢失了"支付"寻找快乐的货币后，痛苦起来，但到最后失而复得时，却不禁又乐了起来。这难道不是一个讽喻吗？用钱寻找快乐→没有找到满意答案→丢钱后痛苦→等到钱后快乐，转了一大圈，却发现自己又回到了原点。快乐，不一直在他身边吗？钱多了不一定快乐，没钱的禅师倒很快乐。

现实中，我们的眼睛大部分时间都是向外观看，追求名利得失，很少问询自己："我心何在？"其实人更应该追求如何内心安适，仰俯无愧，活得踏实，一切烦恼源自执著一个"我"字，人生最大的幸福就是懂得笑看得失、淡观荣辱，懂得慈悲为怀，懂得知足常乐，懂得放下，找回心灵的自由，如能如此那你就是快乐的人，这样的人生就是最幸福的。

有一首诗这样描写快乐："仰卧在树荫下面的草地上，嚼着一根青草，凝视天空，看看偶尔飞过的鸟。"我们永远年轻的心，就是尘世最好的天堂。不管怎么说，快乐永远是一颗年轻而漂亮的心，谁都可以拥有。重要的是，你想不想拥有或懂不懂得拥有……

其实，你原本就很快乐，只是没有发觉罢了：放下很快乐、健康很快乐、找回自我很快乐、多爱少恨很快乐、澄心静虑很快乐、追求兴趣很快乐……亲爱的朋友，你还在寻找快乐吗？其实你一直很快乐，努力去发掘吧！

去渣成器，去心垢染：乐享人生

我们总是有太多的愿望，为自己定下太多的目标。所以我们总是把快乐放到未来，把快乐供奉在内心深处，而逼迫自己付出当下全部的精力去为未来的快乐不停地努力，从而忽视了眼下的快乐。其实，快乐被我们收藏了起来。

快乐有智慧、快乐有超脱。在比较、攀缘中，我们迷失了自家宝藏，追逐名利、财富、权势、色欲，形成了极不和谐的现象：物质在进步，素质在下滑；欲望在膨胀，精神在萎缩。我们追求的不是幸福，而是比别人幸福，这就是痛苦的根源。所以，认识自家宝藏，打开快乐之门，就是我们的当务之急。

你要习惯"不习惯"

今日的执著，会造成明日的后悔。——禅语

菩提一叶

有一次，一位弟子问佛陀："请问世尊，您一生中所有的教化能否用一句话来加以概括说明？"佛说："可以，我所有的教化可以用一句话，'一切都不可执著'来说明。"所谓执著即愚痴，无理的固执自己的见解或习性，使自己无法变通，无法客观和虚心，以便接受各种善知识，而提升自己的境界。

其实，自然界中有些动物非某种食物不吃，例如蚕非桑叶不吃，熊猫非箭竹不吃，考拉非某一种桉的叶子不吃，结果严重地影响了自己生存和发展的机会。

因此，佛在菩提树下悟道时就说了一句非常令人深省的话："一切众生皆有如来佛性，只因妄想执著不能证得正果。"由此可知妄想（对未来的想象）及执著（对过去的想念）是妨碍。此外《金刚经》上亦一再强调"应无所住而生其心"，"菩萨无住相布施，其福德不可思量"。一个人如果要有效地破除各种成见，分别心、人我心、众生心、寿者心，不动辄认为你是外道我是正信，这个有用那个没有用，一切唯我独尊，我的最好……那么最好的方式便是充实智能，因为智能乃是消除执著与业障的最佳利器。

我们大部分人生活都很有规律，但是我们需要的是在有规律当中是不受习惯束缚，不会生烦恼的，比如说，当别人没有按照你的习惯做事，你也很自在不会起烦恼，不会觉得不习惯就不自在。

但是，我们在不知不觉中培养的一些习惯，却没注意到它与我们所生的"愿"相应不相应，若不相应，可能就会给自己制造烦恼，制造无所谓的障碍。

033

在现实中不难发现这种人：把自己的种种习惯看得很重，当作宝贝似的，非常珍惜，都不容许稍加改变。比如说：某些东西，一定要放在某一个地方、朝某一个方向，牙刷要排成什么角度，衣柜里的衣服一定要整理成什么样式；喝粥只喝某个时段的米熬成的；睡觉必得要在自己的床、还要朝向自己认为最佳的方位，否则睡不着；读书一定要坐在某张椅子才读得下；筷子要摆成什么形状，菜的做法要严格不变的；衣服必要几点洗、几点去晒、几点收起来……

其实，生活有规律的习惯，本来是很好的，但是如果别人和他的习惯不一样，他就懊恼、唠叨，不停强调："这可不行啊，我早就习惯了怎样怎样！我不习惯怎样怎样！"别人如果没有按照他的习惯，他就觉得别人很不对，觉得别人都不会做事情，都没规矩。即使他虽然没直说自己很会做事情，但是其实内心都觉得别人做的不合他的意，认为别人做的不如自己做得好。对别人的苛求，在他的眼中仿佛是顺其自然，因为他认为只有

去浮成器，去心垢染：乐享人生

他的这种生活习惯、做事方法才是最正确的。

但是，我们要说，像这样就是反而被习惯束缚住了，变成了习惯的奴隶，也变成了傲慢的奴隶。可能他那些习惯并没有带给他什么大的利益，反而给他很多生烦恼的机会，使他生活更不快乐、不自在。

我们可以把习惯比喻为一把刀子，它本身是没有什么好和坏、善与恶，你如果懂得用它来切东西使你方便，就是善用；如果不会用，切到自己的手，流血了受伤了，这就是误用。习惯也是如此，对我们现实中的人而言，能帮助我们定心，有所帮助的，便是好习惯，值得培养；如果单纯的个人喜好，而给别人增加了负担的习惯，我们就应该放下。

我们先说眼下：你不习惯你邻居天天早晨 7 点起床打扰你的美梦；你不习惯你的上司或者同事对你颐指气使，勾心斗角；你不习惯你的朋友斤斤计较或者大大咧咧；你不习惯你孩子居然没有按照你的培养方式成长；你还不习惯……我们设想一下你搬家了，可是却遇到了一个更令你无法忍受的夜猫子，除非你要搬到郊外，可你又开始不习惯落寞和空荡；你把工作换了又换，却发现换到哪里都是这种状况；你远离你的朋友，却剩下了孤家寡人一个；你严格让你孩子遵循你的教导方法，却让孩子发展越来越次……亲爱的朋友，你觉得你的这些习惯所带来的问题还会让你"习惯"吗？

我们再试想深远一点：如果有一天我们死了，什么牙刷、碗盘、冰箱里剩下的菜，自己根本就不能带走，别人更不会要。我们不是高僧大德，一生为公忘私那么伟大，而且又有许多好弟子怀念我们，也不会有人保留我们生前的生活环境给人家参观学习。这么说来，我们坚持自己的个性习气，不肯调整心态，这样的坚持、固执于芝麻小事，到底有什么价值呢？到底有什么价值，值得我们每一天都去培养它、去强调它、去为它生烦恼呢？为什么我们不专心培养我们往生的信愿和放下的智慧，反而拼命地培养对娑婆世界的执著习惯？

"不做习惯的奴隶"，并不是劝大家东西该乱放或是生活不需有规矩，而是我们在有规律当中，不要被自己设的规矩习惯缚住，别因为我们有种

种的"习惯"反而常常遇到"不习惯"、"不如意"的事情；也别因为自己设定了好多规矩和习惯，反而时常都看好多人事不顺眼，处处不顺心，反而多生不必要的烦恼。这样就是错了用心，就像错拿刀刃割伤手一样，把习惯拿来伤害自己，妨碍自己的快乐自在。

许多事得失成败我们不可预料，也承担不起，我们只需尽力去做，求得一份付出之后的坦然和快乐；没有蓝天的深邃要习惯白云的飘逸；没有大海的壮阔要习惯小溪的优雅；没有原野的芬芳要习惯小草的翠绿！生活不会一成不变，而规则也不会死板停滞，正如点灯便可以驱除千年的黑暗，业力一如稻草垃圾，只要点一把火即可将之燃烧净尽，是同样的道理。所以，我们不仅要有好的习惯，还必须做到习惯"不习惯"。

禅言慧语

别说别人可怜，自己更可怜。也别说别人没规则，自己的规则又如何，又是否给你或者别人带来烦恼了呢？

我们要包容那些意见跟你不同的人，这样日子比较好过。你要是一直想改变他，那样你会很痛苦。要学学怎样忍受他才是。我们还要习惯那些与你的习惯所背离的事情，这样你才不会给自己平添障碍。习惯"不习惯"，是人生的觉悟的真智慧。

去浊成器，去心垢染：乐享人生

一念放下，万般自在：回归平和

把平凡的生活笑成一朵花

在纷繁复杂的生活中，随着我们年龄的增长，随着肩上责任和压力的加重，我们早已不再拥有孩子般天真无邪的心，甚至已经忘掉了该如何无拘无束地放声大笑。于是，各种各样的烦恼接踵而来，我们的心灵被搞得愁云密布。即使在美好的生活中，也感觉不出日子的幸福。这个时候，我们是否都需要找一个释放心情的地方呢？然后，像孩子一样痛痛快快地大笑一场。在平凡的生活中，能够把心笑成一朵花，也应该是一种莫大的智慧和幸福吧！

我不教他，谁来教他

拥有一颗无私的爱心，便拥有了一切。——禅语

菩提一叶

盘圭禅师是一位广受尊崇的禅宗大师，每逢他主持禅事的时候，分散在各地的学生都会赶去参加。

有一次，在这样的静修会中，一名学生行窃被当场捉住。众人向盘圭报告此事，并要求把行窃的人逐出，但是盘圭并没有采纳他们的建议。

不久，那个学生恶习难改，再次偷窃，又被抓住。众人再度请求盘圭惩治他。但盘圭依旧不予发落，把事按下。这使得其他学生颇为不服，他们联合上了一纸陈情书，表示：这回若不将窃贼开除，他们就集体离开。

盘圭读了陈情书，把学生们全部招来，对他们说："你们都是明智的人，知道什么是对、什么是不对，只要你们高兴，到什么地方去学都可以；但这位兄弟连是非都还分不清楚，如果我不教他，谁来教他？我要把他留在这里，即使你们全部离开。"

热泪从那位偷窃者眼中涌出，洗涤了他的心灵。从此，偷窃的冲动烟消云散，最终他在禅师的教化下，成为盘圭禅师的得意弟子。

《韩非子·内储说上·七术》中记载着这么一件事：在楚国的南方，有一条河叫丽水。一次偶然的机会，工匠在这条河的流域发现了砂金，数量还不少。虽然朝廷明令禁止采金，但是由于金子巨大的诱惑，人们纷纷跑去偷采。后来，楚王规定，凡是捉住采金的人就在集市上施以肢解的重刑。他以为，这样可以改变偷采的状况，可实际却是受刑的人很多，以至于尸体把丽水都堵塞了，但人们偷采金矿的行为还是不能停止。

一念放下，万般自在：回归平和

后来，一位大臣向楚王提出一个建议，政府组织这些偷采者开采金矿，然后给他们一定的"回扣"。由于有了正规的组织，这些偷采者也避免了严酷的刑罚，于是这么一个老大难问题就被解决了。

故事是不是给我们一个启示呢？禅师的一番话正是让我们觉悟的最佳慧语：我们都很聪明，也知道对与错的区别，但是我们不能忽视有部分人确实还没有分清是非。那么，你是准备一票否决还是用爱心感化他呢？现实中，老板对职员的苛刻、父母对孩子的严厉、你与同事的勾心、对朋友的计较……这些，都让本来能用爱与智慧解决的问题，变得愈来愈复杂。

也许有的老板会说，不是我不懂爱，而是团队、目标、机制总需要一项制度来决定，否则我的爱就成了滥爱；有的家长会说，我不能溺爱孩子，威严和手段才能让孩子顺着我的路发展；你会说，对待与你争夺一个职位的同事，我怎么会去爱他，我只会与其斗争……

但是，结果是什么样呢？你可能赚钱越来越多，但是下属都成了你的棋子，他们面对你噤若寒蝉，背后对你咬牙切齿；你的孩子可能表面上顺从你，但是他骨子里还是有一种反叛的血在流；你的同事和朋友也因为你的严格会对你疏远。

所以说，很多时候，严格地遵循某个制度并不会让你达到完美的效果，而是越偏越远。俗话说："人之初，性本善。"没有一个人本性是那么坏，我们犯错了，很希望别人再给我们一次机会，心里想到，如果再给我一次机会，我保证不会如何如何……但，现实是，我们老是吵着闹着跟别人要原谅自己的机会，却吝啬给予别人。想想我们的所作所为，难道不是吗？

有的人常常抱怨社会、生活、工作、朋友抛弃了自己，没有爱心，却丝毫没有想到你曾经抛弃过爱心。故事中的盗窃者，可能是出于生活所迫，可能是因为好玩，但最大的原因是他还没有明白是与非。而我们每天很可能也在重复着同样的故事。反过来，我们再问一句，一个人犯了错，我们为什么不想想使得他犯错的原因，而是去一味的责罚？是不是我们只允许自己有一次爱去感化"盗窃者"，而第二次就要大义凛然呢？

再来看一个故事：一位妇人走到屋外，看见前院坐着三位长着又长又白胡须的老人。虽然她并不认识他们，但是依然十分友好地对他们说："我想也许我们并不熟悉，但是我想你们应该很饿了，请进来吃点东西吧。"

"家里的男主人在吗?"老人们问。

妇人答道："不在，他出去了。"

"那我们不能进去。"老人们回答说。

等她的丈夫回到家里，妇人将事情的经过告诉了他。丈夫说："告诉他们我在家里了，请他们进来吧。"于是，妇人将三位老人请进屋内。

"我们不可以一起进一个房屋。"老人们说。

"为什么呢?"妇人感到迷惑不解。

其中一位老人指着他的一位朋友说："他的名字是财富。"然后又指着另外一位说："他是成功，而我是爱。"接着又补充说："你现在进去和你丈夫商量一下，要我们其中的哪一位到你们的家里。"

041

妇人进去告诉了丈夫。丈夫非常兴奋地说："那赶快邀请财富进来!"

妇人却表示不同的意见："亲爱的，为什么不邀请成功进来呢?"

他们的儿媳妇在屋内的另一个角落聆听他们谈话，并提出自己的意见："我想应该先邀请爱进来。"

思考了一下，丈夫对妇人说："就照儿媳妇的意见吧!"于是，妇人又来到屋外，问道："请问哪位是爱?"爱起身朝屋子走去，另外二位也跟着他一起进入屋内。

妇人惊讶地问财富和成功："我只邀请爱，怎么连你们也一道来了呢?"

老者齐声回答："如果你邀请的是财富或成功，另外二人都不会跟进，而你邀请爱的话，那么无论爱走到哪儿，我们都会跟随。"

这不难让我们明白：世间哪儿有爱，哪儿就会有财富和成功的身影。而一个缺乏爱的人或团队，是很难谈得上什么财富和成功的。比尔·盖茨将他的钱大多数用到了慈善事业，回馈社会，而不是给子孙留下，这就是爱心的力量。

朋友们，记住，严酷的法律不一定能改变一个人，而爱却能让他彻底改变。

什么是人生最有价值的呢？就是爱。把牺牲当享受，能够付出爱心的人，永远都很快乐，而且活得有意义。心中有爱，脸上便自然露出和善美丽的微笑，才能怀着一颗让世界变得更美的心，才会发现让世界变得更美丽的事并不困难。

在日常生活中，以爱存心，在一举手一投足间，就散发出友爱的芬芳，令人见到，心生喜悦。在单位，与同事携手前进而不是勾心斗角，对待下属，收起严酷的面孔，多一点关心；在家里，尽心去做点力所能及之事，像做饭洗衣、打扫卫生，在让家变得更美时，世界也会更美；交际中，与朋友和睦相处，助人为乐，将爱带给周围的人。做到这些，周围的人会因感受到你的关爱，而去感受世界的美！爱心有多大，你的世界便有多大。

承载幸福的重量

幸福是有重量的，你却要轻松应对。——禅语

有一个人，被生活的繁琐和沉重压得透不过气，他也不甘过这样的日子，于是他跋山涉水去寻找禅师咨询使他解脱的方法。

禅师听完了他的诉说以后，给他拿了一个竹篓，把他领到了一条铺满砂砾的道路，然后指着对他说："你每走一步就捡一块自己喜欢的石头放进背篓，看看最后会有什么感受。"

那人虽然奇怪，但是还是照着禅师的吩咐去做了。但是，他还没走出多远，石子便装了半个背篓。禅师问他有什么感受？他说："越往前走，我遇到喜欢的石子越多，背篓也就越来越沉重。"

禅师微笑着说："孩子，我们每个人刚来到这个世界的时候，都背着一个空空的背篓。然而，随着我们的逐渐长大，喜欢的东西也越来越多。我们每走出一步，都要从这个世界上捡一样喜欢的东西放进背篓，结果路走得越远，背篓里的东西也就越多，这就是你为什么会觉得生活的负担越来越重的原因。"

那人问禅师："我们应该如何来减轻生活的沉重呢？"禅师回答道："要减轻这份沉重其实非常的简单，你只要把工作、爱情、婚姻、家庭、友谊中的任何一份东西拿出背篓都会减轻沉重。"

禅师紧接着反问道："你愿意将其中的哪份东西毫不犹豫地拿出背篓呢？"

面对禅师的诘问，那人无言以对。

不知道从何时起，我们的脸上写满了"不幸福"、"痛苦"、"沉闷"的符号；我们开始对身边所有的人唠叨自己的苦楚；也不知道从何时起，我们拼命想逃离这种压力，却始终无法摆脱。

想想也是，我们刚出生的时候，从牙牙学语到长大成人，其中结交朋友、参加工作、寻找爱情、迈入婚姻，这些都一直陪伴在我们的周围：朋友会结交到好的坏的，工作会遇到顺心或挫折，爱情还可能有悲欢离合，婚姻有沉重也有甜蜜。但是，我们跟故事里的那个人一样，一路走来，把所有的东西都放到自己的兜里，因为这些是支撑我们生活的扶手，但是问题也会出来了：我们路走得越远，兜里的东西也就越多，觉得生活的负担越来越重。

于是，生活突然变得繁琐、繁杂、忙碌起来了。生活就是一面镜子，完全把最本质、最现实、最枯燥的东西展现在你面前，让你绕不过，逃不

掉。工作上，你会遇到跟你针锋相对、暗地挖角的同事；爱情中，你会经历风霜雨雪的折磨；婚姻中，油盐柴米酱醋茶，水费电费通讯费……大到孩子入托，买房置业，小到待人接物，迎来送往，会让你疲惫不堪；与朋友交际中，觥筹交错，大事小事，同样让你烦不胜烦……

于是，似乎我们每天的生活都是在围绕一个字：忙！忙得焦头烂额，顾此失彼；于是，在无休止的忙碌中，白发一天天见长，皱纹一天天见多，担子也一天比一天沉重。

于是，我们便时常为生活的重负而苦恼、而烦躁、而闷闷不乐，并时常生发出一种摆脱的欲望。

于是，我们便时常心揪揪地怀念起学校期间前那些无忧无虑，只知道下课吃饭，只知道上学考试，只知道假日旅游，只知道消耗青春岁月的日子。

但是，那些日子一去不再回来，我们的生活还要继续，该怎么办呢？看看这首歌怎么写的吧："早上出门真的有一点烦心，是太阳公公他老人家给了我信心。看大门的老爷爷只会拿门出气，因为听说他的职权范围只有这里。每天能看见，哦，爸妈的笑脸。幸福的感觉，其实一直在你身边。美丽的画面，靠我们去实现。请你不要去贪多，也不要太少。随便吃点东西，不饿了就是饱。让我们用麦兜的精神，做到少一点烦恼，多一点大包。"

说的也是，我们的烦心需要信心来克服，幸福的感觉一直就在我们每个人的身边，只是我们把"幸福的石头"当成了背篓里的重要事情去体验，当然，不会感觉到美丽了。

台湾著名作家林清玄在阐述"人生之美"时说过这么一句话："爱和美，都可以减轻许多人生的沉重。"

其实，幸福在我们身边，幸福随处可见，到底是我们日益疲惫的心麻木了幸福，还是幸福麻木了我们迟钝的神经呢？这世界上不是缺少幸福，而是缺少发现幸福的眼睛和心灵。在没幸福的时候，我们渴望幸福，拥有幸福时，又不懂得珍惜幸福。我们总是不停在追求新的幸福，从没给自己时间和空间，去驻下脚步真正感受幸福含义。

同理，生活是奋斗和收获，人生是短暂的，所以我们要有合适的目标，人总要有点精神，不断求索，不断追求奋斗，尽管前进路上有汗水，可能还有眼泪，但一定会在成功中获得快乐和享受。一直以为感受幸福是很困难事，那是种灯火阑珊处的境界。只有经岁月流年后，才明白，幸福很简单，只要心灵有所满足、有所慰藉便是幸福。

因此，我们不要把装进"背篓"里的看作是纯粹的石头，而是在生命的历程中精心从这个世界里得到的爱情、事业、婚姻、友谊等。这些都是我们无法割舍的。就是因为这些舍不得的"沉重"，才让我们感受到了生活的丰富，人生的美好，以及生命的充实。所以当你感受到生活的沉重时，你应该感受到庆幸和满意、欢喜。因而沉重的背后肯定会有生活的丰硕和事业的收获。

你希望掌握永恒，那你必须先把握当下。你希望战胜他人，那你必须先战胜自己。你希望获得成功，你必须先经历失败。唯有认识自己、战胜自己的人才能扼住命运的喉咙。人生的背篓所承载的是一种幸福的重量，就看你怎么对待了。

🌸 禅言慧语 🌸

什么是幸福？幸福的含义总是让人捉摸不透，幸福的阶梯总是让人难以攀登。知足常乐是种幸福，甘于平淡也是幸福，就看我们用什么心态去看待幸福、去感受幸福。有时幸福无处可寻又无处不在，其实幸福与不幸福都在你心中。

你要幸庆，自己有工作、爱情、婚姻、家庭、友谊这些看起来是沉重包袱的"石头"来增添你的烦恼，但若是没有它们，你能想象你会变得如何吗？通过劳动、打拼，得到了你想要的东西，你快乐你幸福。你付出了许多代价，最终得到了，但它是值得的，所以你快乐。你很快地放弃没有必要的负担，所以你快乐。但，人生的快乐，最根本的却是：你得到了，所以你快乐，而唯有懂得适时知足你才能常乐。

一念放下，万般自在：回归平和

重视当下一刻

菩提一叶

日本永平寺道元禅师曾在中国天童寺参学，是一位有道高僧。八十岁退休以后，仍然在院子里晒咸菜。

年轻的住持心疼他，就对道元禅师说："师父，正午烈日当头，您不要现在晒咸菜，太辛苦！太热了！"

道元禅师回答："不在日正当中晒，难道我要等到三更半夜晒咸菜吗？"

徒弟又说："晒咸菜的工作也不必您来做，寺庙里还有很多人，让别人来做就好。"

"别人？别人不是我，他是他，我是我。我的事他能代替吗？"

年轻的弟子说不过他，只有随他去。

后来，道元禅师在讲法的时候告诫弟子："我们生命的光阴掌握在自己的手里，所分分秒秒都不空过。你们认为晒咸菜不重要吗？那么，你告诉我，你认为干什么才重要呢？在我的时间观念里面，正午去晒咸菜就是一件大事，甚至比当官、做皇帝还可贵神圣。"

弟子们顿悟。

再来看一个故事：唐朝时的百丈禅师建立佛教清规，至此有规模的禅林便成为中原佛教重要的主体。百丈禅师提倡农禅生活，自食其力，主张佛教不依靠外力，自己耕作，自己生活。

虽然年岁高达八十，但百丈禅师除了领弟子修行外，依然给自己订下了"一日不做一日不食"的规矩。种树、栽花、务农、开垦、生产等等，禅师都是身体力行，从不马虎。弟子们体谅禅师，要他不要再做了，让年轻的弟子工作就好，百丈禅师却说："我无德劳人，人生在世，若不亲自劳动，岂不成为废人。"

后来，有的弟子看不过去，就把他使用的畚箕、锄头藏起来，以为师父找不到工具，就可以休息了。年老的百丈禅师找不到工具，没办法工作，当日便将自己关在禅房里，不肯吃饭，纵使弟子百般苦劝、恳求，他仍是坚持自己所立下的规矩，并跟大家说："既然没有工作，哪能吃饭呢？"

无论是道元禅师的"生命的光阴掌握在自己的手里，分分秒秒都不空过"，还是百丈禅师"一日不做一日不食"这一理念，他们的精神昭告世人应该要勤劳、精进，慎勿放逸、贪求安乐，这些汇集到一起就是珍惜当下、把握当下。

那么我们看看自己的周围吧：有人坚持把自己负责的事，仔细谨慎地完成；有人却一再拖延懈怠，只想享受休息；有人想人生不需要太忙，日日闲着就觉得惬意；有人天天叨唠着回家看看，陪陪父母，可过了五一到十一，过了十一到年关，一整年下来，愣是没时间回家看一眼；还有的人拼命赚钱，完全忽视了眼下的幸福；还有的年轻人安然地做着"啃老一族"……

其实，闲是痛苦的，闲是罪恶的。"今日事，今日毕"，我们很小就明白。做事不拖泥带水、因循苟且，今日事不留到以后、将来、明天。等到你了无挂碍地躺在床上，毫无压力，不是很快活么！

人活在世上，一味依赖别人的奉养也是罪恶的。有些人想做一个终身的消费者，对社会一点贡献也没有，就真的是白白过了一生。我们看到，道元和百丈禅师在八十高龄依然乐在工作、乐在服务、乐在修行，坚守自己立下的规矩，用自己的身心教育天下及后代子孙。那么，我们该如何呢？我们是不是也能学习禅师的精神，生存于世、贡献于世、立志于世，不枉费一时，不糟蹋任何一个因缘，珍惜当下，完完全全、认认真真地活

一念放下，万般自在：回归平和

着呢？

　　每个人的一生不过数十个寒暑，短暂而有限。一位哲人的话很有道理：虽然我们无法决定生命的长度，但是可以决定生命的深度。即使生命是无常的，只要我们积极地把握有限的岁月，那么人生就是另一番风景。

　　有时候想想，人的生命跟朝露没有什么两样，看起来不乏美丽，甚至有的时候是如此的凄美壮观，但是只要阳光一照射，一眨眼的工夫它就蒸发消逝在这个空间而变得无影无踪了。在拥有的每一分每一秒，定要时刻提醒自己不要虚度，珍惜生命中的所有，不断前进，才不枉度此生。

　　人生在世，无论追求事业，还是享受生活，都得把心念和愿望落实到实际行动上，只有脚踏实地地做出业绩，成为表率，光及社会、荫庇后人。

　　有一首歌这样唱道："我真的还想再活 500 年。"虽然你打算活几百年，但还是要记住，任何人失去的不是什么别的生活，而只是他现在所过的生活；任何人所过的也不是什么别的生活，而只是他现在的生活。时光飞逝，时不我待，再辉煌的成就也仅代表过去，再美好的憧憬终究还未到来，我们能够把握的，只有现在。一些人在日常的工作中，总是习惯于推托，把今天的工作推到明天，把可以提前完成的事项推到最后期限，在日复一日的应付中，人已变老，业已荒疏。自己的未来要由自己来负责，所以，把握住现在吧，把每一天都当作生命中的最后一天来度过，做好该做的事情，尽到该尽的职责，让每一天都生动精彩。

　　许多人喜欢预支明天的烦恼，想要早一步解决掉明天的烦恼。明天如果有烦恼，你今天是无法解决的，每一天都有每一天的人生功课要交，努力做好今天的功课再说吧！用平常的心对待每一天，用感恩的心对待当下的生活，我们才能理解生活和快乐的真正含义！

　　其实，人生的意义在当下，重视当下一刻，这一刻里有无限的永恒、无限的未来。无论现实是美好的、风光的，还是失败的、挫折的或者痛苦的，你只要珍惜现实，才能真正认清当下的处境，也才能用好当下的力量，从而走得更好、更远、更轻松自在。

追求不平凡的生活是每个人的理想，有人有了高档的车子、豪华的房子、巨大的财富、显赫的权势，就觉得人生的目的达到了，就只想着如何才能延长生命的长度，而不是想仔细拓展人生的深度。

很多人说，不知道幸福和快乐在哪里，其实幸福很简单，我们能够把握当下所拥有的快乐，就是人生最大的幸福。俗话说，万般带不去，唯有业随身。把握今朝，说好话、做好事、存好心，才是当务之急。

请将你的杯子倒空

心中装满着自己的看法与想法的人，永远听不见别人的心声。
——禅语

049

一念放下，万般自在：回归平和

菩提一叶

一次，一位官员找南隐禅师问禅。等他到了禅院看到禅师之后，就开始述说自己最近看禅的感悟和经验，一直喋喋不休。

南隐什么也没说，只是一味地请他喝茶。南隐禅师后来提起茶壶为他沏水。茶水不断地泻下，很快就注满了杯子，但南隐仍视若无睹，继续倒茶，以至于茶水四溢，流了一桌。

这个官员看着茶水不断地溢出杯外，搞不清禅师究竟在搞什么鬼，急切地叫道："大师，茶水已经漫出来了，不要再倒了！"

南隐听后，顿时放下手中的茶壶，注视着他说："你的头脑像这只杯子一样，里面装满了你自己的看法和念头。你不把自己的杯子倒空，叫我如何对你说禅呢？"

官员听后大谢禅师。

满溢的茶杯让禅师看到了官员的高傲与无知，那么，反思我们呢？

生活中不肯把将自己"杯子"倒空的人有很多：有人在交谈中侃侃而谈，却正是无知的表现；有人在受到别人教导时，爱搭不理，好比是对方欠钱一般；还有的人，总是刚学了一点东西或者得到一丝感悟，就吹嘘自己掌握了真理和精髓……

这些人中，有你，有我，有他。我们还常常对一些人的做法表示不解、不满、不屑，这类人的口头语是：我认为如何如何，其实不过如此。甚至只掌握了皮毛就敢做人家老师，到处指点别人。

其实，纵观我们的人生，就好比是一个空杯子，在年轮的增加、岁月的长河中会有很多水和泥沙进来。泥沙多了，装水的空间就少了。这就不难想象，固执的人为什么不愿意接受新生事物，因为他们沉淀的泥沙太多，容不下新鲜的养分；智慧的人总是把杯子倒空，因为只有这样，腾出了更多的空间，以便汲取更为新鲜的养分。

很多人高喊，我在工作中遇到了瓶颈，我觉得我掌握的东西够多了，也不知道如何再去学习了；还有人说，我才不去看什么成功经验、人生感悟，我自己的体会就够多了；还有的人说我到处吸收别人的经验和教训，觉得理解的已经够多了，遇到任何挫折都会平稳地度过了……这些人，有的人以为自己已经空了，有的人是舍不得倒空。

有人说，我无法获得宽容和气度，我看再多的感悟经验都不行。其实，这类人总是在拿自己心中的尺子去度量别人，自己的杯子里的泥沙没有倒空。如果，我们试着去倒空那些所谓经验的泥沙，腾出空间来接受、欣赏、解读，你就获得了宽容，获得了气度，获得了谦虚，获得了进步的阶梯。

有人说，我无法再进一步学习，我觉得掌握了足够多的知识。这类人是舍不得将自己倒空。任何的学习不过是加法和减法，打个比方，首先被挤干的海绵肯定是无选择全盘接受，知识的累积当到了一定程度以后必须

觉悟

JUEWU

要找准出口，除去糟粕保留精华，否则，只会做加法和减法都得不到真谛。

现实中，人们不带主见地去学一样东西、评价一件事很难，每个人都认为自己的想法是正确的，正如故事中官员与禅师的对话一样。庄子说过：如果我们每个人都认为自己的主张是正确的，那么谁没有主张呢？就算是傻子也有主张，这个对错又该如何评定呢？其实，正确与错误不是在吸收阶段所考虑的，再差的学问也有其可取之处，不过，前提是你必须完全了解它。

有个禅师说过，自大贡高空费力，聪明盖世也徒然。还说这个故事：官员自我高傲的论道讲禅，其实他对佛法并没有太多的信仰，很可能就是假借禅说来提高自己的水平；而南泉禅师就以倒茶溢水，给他当头棒喝，让他明白高傲的危害。有时候，要点醒一个无知者，千言万语的苦口婆心，还不如巧妙的暗喻。

2005年的时候，香港曾经为李小龙冥诞65周年搞了一个活动，李小龙铜像竖立在尖沙咀星光大道上。一直争取竖立铜像的李小龙会会长黄耀强指出，现在我们需要重新审视李小龙的功绩，看他如何凭一己之力，影响全世界对中国人的看法。

李小龙去世已经32年了，至今李小龙的影响力毫无减退。作为大众，"李小龙"三字如雷贯耳。很多人只看到他在武术上的成就，可是他的做人哲学却被忽视。

李小龙曾经这么说："修炼功夫的目的，不是要击破石块或木板；我们更关心的，是用它影响我们的思考及生活方式。"这个18岁时赴美留学的青年，在大学修读哲学，不但对各派学说十分熟悉，也成就了自己的一套哲学，并将之入武。

有几个人知道，李小龙强调的习武，其提倡的不是好勇斗狠，而是一种自我提升的态度？李小龙曾说："如果你要品尝我的茶，就要先倒空你自己的杯。"

不抛开因循的成见，如何成就新的境界？对于这些道理，很多人都明

一念放下，万般自在：回归平和

白，可是要懂得当中含意并付诸实行，难。我们重新审度别人易，要自我审视，却是难上加难。

正如盛满水的杯中不可能再装入茶水，一个人的头脑中如果充满了无知的妄见，那么，任何新思想都会被他排斥进入。所以，要想领悟真理，就必须先排除内心的种种杂念、妄想和偏见。

如地植于种，如器受于水，应离三种失。这是说，求法的心就像一个器皿，如果是倒覆盖着，那么水肯定装不进去；一旦有了破洞，水想留也留不住；假如器皿很脏，即使清水装进去也会变质。

我们在觉得自己工作无法实现突破，学业没有进步的时候，交际屡受挫败，不妨先静下心来思考一下，反省是不是自己的心装满了成见、自以为是呢？用浮躁、无知的心去学习、工作，自然会产生一种排拒的心理，又何以能充实自己、提高自己呢？

作为一个领导或者管理者，需要倒空自己的杯子，才能够接受下属的挑战和选拔精干的力量；作为职场人士，面对各种工作培训，倒空了自己的杯子才能让自己掌握更多的技能；作为普通人，倒空自己的杯子，才能觉悟到更多的人生经验，避免失败。记住，为了更好的去了解，先把自己倒空吧。

禅言慧语

把杯子倒空，意味着放弃经验，否定过去，重新回到起跑线。正如播种，种在土壤外会被飞鸟叼去，种在杂草丛中，会无法萌芽。再好的知识、见解，假如种子长不了，自己的心装不下，也是徒劳无功。

如果你满脑子想的都是自己的"见解和经验"，你就会一直处于亢奋的状态中，会使得你心中自大、高傲，乃至无知。不要再为自己没有进步而怨天尤人了，学会学习和吸收，不断地完善自己，把精华逐渐压缩，把糟粕果断倒掉。每一次把杯子倒空，你就有了新的开始。

快乐与痛苦都是常态

当你快乐时，你要想，这快乐不是永恒的。当你痛苦时，你要想，这痛苦也不是永恒的。——禅语

菩提一叶

净清禅师每天与信徒讲法，都会说："快乐啊！快乐啊！人生好快乐啊！"

有一次，禅师生病了，在生病中不时地叫喊说："痛苦啊！痛苦啊！好痛苦啊！"

住持大和尚听到了，就来责备他："一个出家人有病，老是喊苦呀苦呀，多不好啊！"

净清禅师说："健康快乐，生病痛苦，这是很自然的事，为什么不能叫苦呢？"

住持说道："记得当初，你有一次掉进水里，快要淹死时，你还面不改色。那种无畏的样子，视死如归，可如今你的豪情跑到哪里去了？你平时都讲快乐、快乐，为什么到生病的时候，要讲痛苦、痛苦呢？"

净清禅师对住持和尚道："你来，到我床前来！"

住持到了他床边，净清禅师轻轻地问："住持大和尚，你刚才说我以前讲快乐啊、快乐啊！现在都是说痛苦啊，痛苦啊！那么请你告诉我，究竟是讲快乐对呢？还是讲痛苦对呢？"

不管是快乐还是痛苦，都是人的感情的自然流露。该快乐的时候就快乐，悲伤痛苦的时候也不要刻意伪装。顺其自然才是人生最好的状态。

相信我们每个人都有这样的体会，有的人只把自己最好的一面展现给

一念放下，万般自在：回归平和

别人，每次对亲人和朋友都是报喜不报忧，总觉得自己可以承担，却被压塌了人生。前不久，曾经红透大江南北，唱过《你的柔情我永远不懂》的陈琳跳楼自杀，而据她亲近的人分析，她就是不愿意把自己的痛苦说出来，在不断压抑中走上了绝路。

现代人普遍压力都很大，难免会存在各种各样的心理问题，却鲜见有人去心理诊所就诊。而在国外，心理治疗几乎是很多人的首选，把自己的痛苦和欢乐都与人分享，这样才有情绪的发泄口，否则，不仅让自己心理压抑，还会引发各种身体疾病。每个人都有趋利避害的本性，他们是天生厌恶痛苦与不幸、追求顺心与欢乐的。尽管人人都知道人生是不可能一帆风顺的，不管是谁，在他的一生中终究还是要忍受不少的痛苦、烦恼与磨难。

不管如何，一个人无论看到怎样的美景奇观，有过如何的痛苦，如果他的欢乐没有机会向人讲述，他就决不会感到快乐；如果他的痛苦无法讲述，就会有很沉重的压力。人终究是离不开同类的，也无法离开社会。

还有的人，只想让自己在生活、工作中快乐，极力地避免痛苦，却不曾料到，愈是想追求快乐、逃避痛苦，就愈是无法摆脱。换个角度想想，正如硬币的两面，本来追求的快乐很可能眨眼就成了痛苦，这到底算是快乐还是痛苦呢？

人在快乐中以冷静的眼光看待一切，就会省去许多烦心的事；痛苦时存一份热切向上的心，就会享受到许多真正的乐趣。其实，快乐与痛苦都是在追求某种价值的过程中，目标的实现处于不同阶段的状态下所产生的情绪。因此，快乐和痛苦是相伴而生的，它们经常交替或交织地存在于人们的感受之中。这是必然的，没有痛苦就不会有快乐，没有快乐同样也感受不到痛苦。

既然快乐和痛苦是相伴的，是生活的常态。但人往往感受到更多、更大的是痛苦，这是为什么呢？也许因为快乐永远是相似的，但痛苦是有千万种形式存在的。对待相似的快乐，我们像吃糖一样，就算吃更多的糖也只有甜一种味道。但是对待痛苦就不一样了，我们倾向于深深记住每一个痛苦，它是怎么来的怎么去的，就这么伴随着我们一生。

有人说：痛苦是深沉的，而快乐是浮浅的。也许指的是对于人的一生来说，痛苦更本质。然而，无论是快乐还是痛苦，都值得体会，都可以激发生活的生趣与活力、感受克服与超越的力量，而成为许多成功的源泉。

在我们人生旅途上，不但有鲜花掌声同行，还有荆棘挫折为伴，因为有苦有乐才是真正的生活！我们应该坦然面对痛苦，也无须害怕挫折，用一颗平常心，面对痛苦与快乐，坦然面对一切，一切便对你坦然！

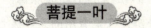 **禅言慧语**

有苦有乐的人生是充实的：人生苦乐参半，因此在十法界里，人间最好修行。但是，有的人觉得人生很苦，感觉不到人生的意味；有的人光是快乐，没有经过苦的奋斗，他也体会不出人生的意义。所以，有苦有乐的人生才是充实的。

其实，快乐和痛苦都是生活的常态，痛苦与快乐相隔也许并不遥远，当你揭开痛苦的帷幕，就能看见快乐的影子！生活需要伴侣，快乐和痛苦都要及时地表达出来，如果一味去想面对的是快乐还是痛苦，对自己都是一种惩罚，因为，一个无人分享的快乐并非真正的快乐，而一个无人分担的痛苦则是最可怕的痛苦。

一念放下，万般自在：回归平和

平和是起点

烦恼只是你自己内心的投影，平和才是人生的起点。——禅语

菩提一叶

故事一：一位僧人替一家施主做法事，事后主人发现家中丢失20两白

银，便怀疑是僧人所为，于是气势汹汹地到寺院中问罪。

僧人明白来意后，取出白银20两说："施主请把银两拿回去吧。"

这个人抓过银子气冲冲回家去了，嘴里仍啰嗦不停："以后再也不请你们这些贪财的僧人做法事了！"

等晚上他回到家中，弟弟告诉他，昨天因为事情紧急，来不及告诉哥哥，拿走了银子没有及时交代。

他听后感到非常内疚，万分羞愧，连夜到寺庙送还银两，并向法师道歉。师父接过银子只说："阿弥陀佛，善哉，善哉！"

故事二：有天晚上，大含和尚一个人在读经。突然，一强盗持刀入室。

和尚平静地问："你是要钱还是要索命？"

强盗说："少废话，当然要钱。"

大和尚就随手从怀中取出钱袋扔给强盗："拿去吧。"说完又继续看书，好像什么事都没有发生过。

强盗拿了钱刚逃出门口，和尚突然大喊一声："站住，回来把门给我关好。"

这一喊吓得强盗呆若木鸡，屁滚尿流地逃窜。这个强盗事后对人说："我打家劫舍，历尽风险十几年，从未像这次吓得魂飞胆破。"

一个有口皆碑的大师，被人诬偷银两还能泰然处之、不怒不争，令我们钦佩至极。用现在的观点来看，主人没有证据、查无实据，法师自然可以不理会，但这样一来，必定会引起更多人的猜疑。一个法师，心中无染，心中无锁，外界的一切变化，对他丝毫不起影响，这就是心中平和的力量。

俗话说，世上本无枷，心锁困住人。检查一下自己的生活，我相信你会发现许多例证：生活里有许多所谓的"朋友"，只是增加了你的烦恼；我们接受了大量的资讯，却没有融会贯通，也不分辨什么是有用的，什么是有害的；我们没有恋人想恋人，结婚以后吵闹甚至要离婚；没有子女想子女，有了子女累老人；没有官想权力，有了权力，宠辱皆惊；没有钱想钱，钱多了又担心……这样下去，何来幸福可言？这方面的例子不胜枚举，而这些痛苦却都是自己造作的。

六祖慧能大师说："如来，如来，本来如是。"铁矿能炼出铁因为它本质是铁，金矿能炼出金是因为它本质是金，我们硬要从铁矿炼出金，岂非妄想？正是因为我们缺乏了最基本的平和心，才使得我们心态不平和，烦恼无限多。

平和即心理平衡，合于自然松静之道。人只有心静，才能去躁，沉稳才能避开轻浮之举。水面静，才能映出完整的月亮，烦恼只会生于不悟。佛教中有风动幡动之争的故事：公元 676 年，广州法性寺印宗法师讲经，有幡被吹动，两个听经的法师一个讲是风在动，另一个讲是幡在动，而慧能说："风未动，幡也未动，而是你们的心在动。"静守心房，顺乎自然，我们每个人都有自己的"生物场"，场静，周围乱也变静；场乱，周围静也乱。

人的生命是有限的，在短短的生命过程中非常需要有平和的心态，而平和的心态是需要修炼得到的，平和使你的生活始终快乐向上，它是你幸福的源泉；人的事业也是有限的，在追求事业成功的过程中始终需要勇气，而勇气也是通过修炼不断地积累，经验的积累、知识的积累，才会有力量，它是你顺利的保障。

当今社会，正处在一个变革的时期，经济的发展，职场的竞争，每个人都面临着诸多的挑战，人们交谈中说的最多的一个字就是"累"，身体累，心更累，终日为生计而奔忙，为享乐而追逐，可真正的快乐在哪里呢？真正的幸福是什么呢？

古罗马帝国的皇帝马可·奥勒留，用自己理智、平和的心态，记录下了自己对宇宙、人生真理的追寻和对社会、人性问题的思索。马可·奥勒留告诉我们："如果外部事物让你烦恼不安，那么请你注意，使你心情烦恼的并非事物，而是你对事物的看法，只要你愿意，你是很可以把它打发掉的。"

一念放下，万般自在：回归平和

当然，我们懂得了内心的平和，我们还需要去明白平和的起点。人们常常嚷着要去寻找内心的平和，其实它一直都在，从不需要你去寻觅。当你从为欲望而劳役终日的忙碌中静下来时，自然会感到它的存在。

先来举个例子，前不久，有个旅游广告是这么说的：只要半平米的价格，日韩新马泰都玩了一圈；一两平米的价格，欧美列国也回来了；下一步只好策划去埃及南非这些更为神奇的所在……几年下来，全世界你都玩遍，可能还没花完一个厨房的价钱。但是那时候，说不定你的世界观都已经变了。

我们暂且不谈广告的创意，从广告反映出来的本质而谈，现在很多人逃避家庭、城市、社会及自己的问题而逃至深山中去寻觅内心的平静。既然是要寻觅"心内"的平静，又怎么可能在"心外"寻得呢？快乐只可以在心内寻得，并不在于你身处之地方。有人远走他方以寻觅内心的平和。但如果你心中没有平和，纵管跑到天涯海角也不会寻得到它；假如你心中一早有了平和，你也就没什么地方是一定要去的了。如果心中没有快乐，即使走遍天涯海角，也永远不会找到乐土；心中若然满足快乐，哪怕身在牢狱茅厕，一样可以悠然自在。当你的心充满祥和，去到哪里都一样欢喜自在；当你的心充满智慧，一花一草都令你见到真理。

说到底，一切意见、一切事物都在于你怎样看待它。你以什么样的心态对待生活，你就会获得一种什么样的生活。面对世事的烦恼、岁月的蹉跎，只要保持一种平和的心态，坦然面对，不以物喜，不以己悲，就能如海边峙立的礁石，岿然不动间，已让狂风巨浪驯服于脚下。这不仅是一种心灵的独守，更是一种境界的升华。

快乐、痛苦、幸福大部分是来自心的感受，没有调适的心态，遇到逆境时，内心要有安身立命的灵水源泉，倘若能随缘度日，只要自觉心安，就能随遇而安，处处皆是海阔天空了，这种精神修养与幸福、快乐知足的领悟能力有着绝对的关联，它无法馈赠、积存，只有靠个人修养与定力去体会。

我们不要创造烦恼，不要自找麻烦，而是应该以最单纯的态度去应付事情本来的样子。有一些看来像"烦恼制造机"的人，他们总在为不可能发生的事、不足挂齿的小事、烦死也没用的事、事不关己的事烦恼。在日积月累的烦恼中，对别人一个无意的眼神、一句无心的话，都有了疑心病，仿佛在努力地防卫病毒入侵，也防卫了快乐的可能。

别人怎样想我们、沮丧怎样包围我们，其实都是我们投射出来的，都是"魔由心中生"。你必须懂得，烦恼只是你自己内心的投影，平和才是我们的起点。

知足则幸福常存

有的人不懂知足，生命对他来说，是一种惩罚。——禅语

菩提一叶

一天，佛遇见一个农夫。农夫的样子非常苦恼，他向佛诉说："我家的水牛刚死，没它帮忙犁田，那我怎么能下田作业呢?!"于是佛赐给他一头健壮的水牛，农夫很高兴，佛在他身上感受到了幸福的味道。

几天后，佛遇见一个男人。男人非常沮丧，他向佛诉说："我的钱被骗光了，没盘缠回乡。"于是佛给他银两做路费，男人很高兴，佛在他身上感受到了幸福的味道。

半月后，佛遇见了一位诗人，诗人年轻、英俊、有才华且富有，妻子美貌而温柔，但他却过得不快活。

佛问他："你为什么不快乐呢? 我能帮助你吗?"

一念放下，万般自在：回归平和

诗人对佛说："我什么都有，就缺一样东西，你能够给我吗？"

佛回答说："可以。你要什么我都可以给你。"

诗人直直地望着佛："我要的是幸福。"

这下子把佛难倒了，佛想了想，说："我明白了。"然后佛把诗人所拥有的都拿走。佛拿走诗人的才华，毁去他的容貌，夺去他的财产和他妻子的性命。然后，佛做完这些事情后，便离开了。

一个月后，佛再回到诗人的身边，诗人这时饿得半死，衣衫褴褛地躺在地上挣扎。于是，佛把他的一切还给他。然后，佛又离去了。

每一个人都在追求幸福！但什么是真正的幸福呢？我觉得唯有"内心安适，俯仰无愧"的人才有真正的幸福。因为心如不安，幸福要从何建立呢？

古人说："无所为而为，善而不居，能得心安。"这是教导我们行善时，不要想"我现在在做善事"、"我又帮助了别人"。其实，真正的"纯善"，是牺牲而不是获得，是奉献而不是占有。

那么，什么是心安呢？

心安的人，能控制自己的欲望，"欲望"可以是推动你向上的一股力量，也可以是主宰你堕落的源头。可是，我们不断向外追求物欲的快乐，但却疏忽了真正的快乐是知足。

有一首诗这样写道："我们总是在走，却忘记了停留。高岗上的小丘，可是为我预留的坟墓？"为了追求我们所要的东西，我们无法止步歇脚，一步一步走近死亡。为什么自己的脚不受自己约束呢？因为心已经上足了发条，只能不停地走，不停地折腾。人累死累活，只因为心不知足。本想抓住快乐幸福，没想到快乐幸福却离你越来越远。我们不断向外追求物欲的快乐，却疏忽了真正的快乐是知足。

我们住着大房子，开着小汽车，穿着都是名牌，出入都是高档场所，也许在白天，很多人叱咤风云、风光无限，但是到了深夜，夜深人静的时候，当灵魂拷问着最原始的本性时，你感觉到幸福了吗？为什么我什么都有了，却依然不幸福、不知足？这比当初我什么都没有还要糟糕！

这是为什么呢？其实，追求快乐是人之本性，人要得到快乐，关键要有平常心。知足常乐，不知足而常怨。知足常乐是一种适可而止的精神，但不是安于现状，不思进取。理性的进取应该以知足常乐的心态为基础作为理性制约。人不能病态地沉溺于欲望的满足，而知足则是一种心理的健康，一种精神上的节制和坦荡。人如果只为满足欲望而活着，那么永远也满足不了。满足了一种欲望，同时就有十种欲望受到压制，又有百种欲望随之产生。它们不可能一一得到满足，一定会使人常不乐或者乐不常。

因为知足，诸葛亮在《诫子书》中写道："非淡泊无以明志，非宁静无以致远。"陶渊明《饮酒》诗曰："采菊东篱下，悠然见南山。"同样是因为知足，唐伯虎在《桃花庵歌》中说了这样的私语："但愿老死花酒间，不愿鞠躬车马前。车尘马足富者趣，酒盏花枝贫者缘。若将富贵比贫者，一在平地一在天；若将贫贱比车马，他得驱驰我得闲。别人笑我忒疯癫，我笑他人看不穿。不见五陵豪杰墓，无花无酒锄作田！"古人的言行蕴含着知足者的宽阔情怀，尽显常乐者的怡然自得，对我们很有启迪。

不仅仅是古人，知足常乐更是当代人和当代社会的根本需求，是无穷的欲望和有限的资源之间达到平衡的根本。知足是一种智慧，常乐是一种境界。我们如果能知足，所过的生活就会富乐安稳，所住之处也是最和睦吉祥的地方。

我们千万不要被物欲所役，现实生活中，我们时时刻刻都面临着各种诱惑，一些人常常会抱怨付出的太多，得到的太少，或者这山望着那山高，在一个岗位上还没做出什么成绩，又在想着怎样才能挪到一个更好的岗位。人们追求物欲的道路，似乎没有尽头。其实正是这种无止境的索求才让我们错过了人生路上的风景。想一想，有多少东西为我们所真正拥有，过一种幸福生活所需要的东西其实是很少的。

生命有时是一种快乐的享受，当他充分发挥出光明、纯洁、高尚、真诚时；有时又是一种痛苦的煎熬，当他充分发挥出黑暗、龌龊、卑鄙、虚

一念放下，万般自在：回归平和

伪时。生命似乎在这两种情况永远延伸着，每一刻都要我们审视自己，该如何去抉择。"花开花落，去留无意"，佛教希望我们从自然规则和事物发展规律中得到人生觉悟，因此，我们珍惜"一花一世界"、"闲看云卷云舒"的淡雅和放松，也感悟到了"苦海无涯，生灭甚时彻"的底蕴。所以，人生要"知足常乐"！先要"知足"，然后再用"常乐"的心去积极奋斗，你会觉悟到别样的人生！

人生在世，不可能一帆风顺，种种失败、无奈都需要我们勇敢地面对、旷达地处理。如果我们时时能用知足的心来看这个世间，则会觉得这个世间很可爱、很富有！

禅言慧语

人生的浮浮沉沉，欲望乃是最大的滥觞，因此，自我控制的层次，亦可视为个人修持成就之指标。不能控制六根欲望的人，当然就得不到安详。所以，一定要"宰制官能，惩治我欲"。

通过劳动、打拼，得到了你想要的东西，你快乐你幸福。你付出了许多代价，最终得到了，但它是值得的，所以你快乐。你很快地放弃没有必要的负担，所以你快乐。但，人生的快乐，最根本的却是：你得到了，所以你快乐，而唯有懂得适时知足你才能常乐。

谁能飞越生死

眼睛不要老是睁得那么大，我且问你，百年以后，哪一样是你的。——禅语

菩提一叶

有一个学僧道岫，虽然精于禅道的修持，但始终不能契悟，眼看比他晚参禅学道的同参，不少人对禅都能有所体会，想想自己实在没有资格学禅，既不幽默，又无灵巧，始终不能入门，就打算做个行脚的苦行僧，云游天下。于是道岫就打点自己的行李，计划远行。

当他临走时到法堂去向慧云禅师辞行，禀告道："老师，学僧辜负您的慈悲，自从皈投在您座下参学已有十年之久，但是对禅仍是一点消息没有。我实在不是学禅的根器，今向您老辞行，我将云游他去。"

慧云禅师非常惊讶地问道："哦！为什么没有觉悟就要走呢？难道到别处就可以觉悟吗？"

道岫诚恳地再禀告道："我每天除了吃饭、睡觉之外，都精进于道业上的修持，我用功就是因缘不合。而同参的道友们一个个都回归根源。现在在我心的深处，有一股倦怠感，我想我还是做个行脚的苦行僧吧！"

慧云禅师听后开示道："悟，是一种内在本性的流露，根本无法形容，也无法传达给别人，更是学不来也急不得的。别人是别人的境界，你修你的禅道，这是两回事，为什么非混为一谈呢？"

道岫道："老师！您不知道，我跟同参们一比，立刻就有大鹏鸟与小麻雀的惭愧。"

慧云禅师装着不解似地问道："怎么样的大？怎么样的小？"

道岫答道："大鹏鸟一展翅能飞越几百里，而我只围于草地上的方圆几丈而已。"

慧云禅师意味深长地问道："大鹏一展翅能飞几百里，但它已经飞越生死了吗？"

道岫禅僧听后默默不语，若有所悟。

印度思想大师奥修说过："玫瑰就是玫瑰，莲花就是莲花，只要去看，不要比较。"俗话说："人比人，气死人。"比较、计较，这正是我们烦恼

一念放下，万般自在：回归平和

的来源，怎样能透过禅学故事来觉悟人生呢？聪明、机智。大鹏鸟一展翅千八百里，但不能飞越过生死大海。因为小麻雀与大鹏鸟是比较上有快慢、有迟速，但禅是要从平等自性中流出的。所以道岫禅僧一旦除去比较、计较，回归到平等自性中来，就能有所悟了。

很多人不快乐，为什么呢？就是因为太累了，欲望太强了，老是跟别人比较来比较去。谁的工作好、谁的丈夫体贴、谁的孩子上了什么重点学校、谁用了什么名牌的化妆品……这样比下去，即使你有多么富足，也会比累的。若能远离"晴忧次女伞业衰，雨忧长女鞋业衰"，心平气和，凡事不钻牛角尖，常将心比心，大爱无我，"离欲阿罗汉"，能不得安乐？

生活中，其实有很多景和物被我们忽视了。对远的山水的忽视，使我们失去了生命过程中早该有的美的感受，以及这种美感对心境的影响，而对近的物体和人的忽视，还改变了我们生活的趣味和方式。

在这个社会上，无论你是自卑的还是自负的，都将实实在在地度过每一天，太过在意，会严重阻碍人生对幸福感的追求。每个人都希望自己有所得，有所成就，有所收获。什么是最大的收获呢？要能满足。你不满足，就是睡在天堂也如地狱；假如你满足，地狱也如天堂，所以满足是最大的收获。

不去比较，你就会感到满足，也不会因为沾沾自喜而头脑膨胀。别人接不接受你其实没有什么大不了的，你却一定要真正地接受自己，快乐地相信自己，无畏地对自己感到满意，这是一种境界，自得其乐的境界；不去比较，你就能找到自己，延续着自己本来的轨迹前进，否则，看到别人怎么样、取得了什么成就，非得自己也要达到，实在是很累。

俗话说："世界之大，何所未有，但人耳目不能及耳！"我们应该常思古人之言："人生七十古来稀。"自忖人生不过七八十年之光阴，如白驹过隙，弹指而过，"人死如灯灭"者，则死后一切皆灰飞烟灭，一切消殒于无形。

如果我们都抱有好高骛远的愿望，想一蹴而就，不但违反自然规律，而且寸步难行，只会使自己失望，加深挫折感而已。所以，凡事还是应该

觉悟

J U E W U

量力而行，千万不要好高骛远，以免收到相反的效果。

一个人真的没有太多必要对自己老是耿耿于怀，得到的与失去的都存在着；现在就是今天，该把握的和不能把握的都毫不犹豫地摆在眼前，唾手可得也好，无能为力也罢，你都必须按照自然规律活着。一个人耗费自己一生宝贵精力去对种种其实不甚稳定的看法做诚惶诚恐的比较，苦了自己，对别人也未必有太大意义，那又何必呢？不如潇洒走一回。

不去比较，你还会懂得快乐是因为源于随性、平和。随性平和也是一种智慧，懂得随性你也能寻获另一种释然的快乐。人生有时就是如此，你不能背负着你所有想要的东西走完人生的全程。所以，如果想要达到目的，就必须有所舍弃。把与内心无关的、纷乱的杂念和欲望舍弃，眼中只有你想要达成的目标，这样才容易成功。舍得舍得，有舍才有得。

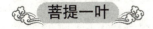 **禅言慧语**

一个智性的广大领域是超越思想的，思想只是其中极小的一个面向。你需要了解的是，所有真正重要的事物，如美丽、真爱、创造力、喜悦、内在平安，都是超越心智而生的。这时，你就开始觉醒了。

真正的智者应及时清除自己心灵的污垢，舍弃感官的享受，使内心没有挂念。不仅是求得智能，做其他事也是一样，要有强烈的欲望。这样，你就可以心无旁骛地向着既定的目标前进。

一念放下，万般自在：回归平和

别让今天悄悄溜走

我们能把握的只有现在，永远不要浪费今天的一分一秒。——禅语

菩提一叶

有个小和尚，职责就是清扫寺庙院子。每天早上，他都要早起床来扫

地。院子其实很干净，唯一需要打扫的就是晚上刮风弄掉的遍地落叶。

清晨起床扫落叶其实是一件苦差事，尤其在秋冬之际，每一次起风时，树叶总随风飞舞落下。

每天早上都需要花费许多时间才能清扫完树叶，这让小和尚头痛不已。他一直想要找个好办法让自己轻松些。

后来有个自以为很聪明的和尚对小和尚说："你在明天打扫之前先用力摇树，把落叶统统摇下来，后天不就可以不用扫落叶了吗？"

小和尚觉得这是个好办法，于是隔天他起了个大早，使劲地猛摇树，这样他就可以把今天跟明天的落叶一次扫干净了。一整天小和尚都非常开心。

但是第二天，小和尚到院子一看，他不禁傻眼了：院子里如往日一样落叶满地。他今天还得继续扫地。

老和尚走了过来，见小和尚闷闷不乐的样子，知道原委后，对小和尚说："傻孩子，无论你今天怎么用力，明天的落叶还是会飘下来。"

小和尚终于明白了，世上有很多事是无法提前的，唯有认真地活在当下，把握好每一个真实的"今天"，这才是最正确的人生态度。

古罗马诗人何瑞斯有一首诗这样写道："这个人很快乐，也只有他能快乐，因为他能把今天，称之为自己的一天；他在今天里能感到安全，能够说：'不管明天会怎么糟，我已经过了今天。'"

这是何等对生活的洞穿力？把握住今天，才能把握眼前的生活，享受每一分的快乐。但是，几乎所有的人，都喜欢憧憬着未来那些未知的日子，梦想着天边有一座奇妙的玫瑰园，而错过了欣赏今天就开放在我们眼前窗口的玫瑰。

人生就是从过去到未来的一个过程。每个人都有过去、现在和未来。有的人喜欢回忆，说回忆比现在美丽；有的人则把握现在，脚踏实地，说现在比较重要；也有一些人把希望寄托在未来，认为现在不急，等到未来再说。

人生苦短，我们有限的生命中能用于工作和学习的时间并不长，如果整天浑浑噩噩，虚度时光，不知不觉中便会"白了少年头，空悲切"！失去了钱，可以等到明天再去赚回来。但如果失去了"今天"的时间，你没有任何办法在明天找回来。

有的人喜欢为昨天的失落而念念不忘、耿耿于怀；有的人又为明天的美丽而热血沸腾、斗志昂扬。其实，无论是昨天的黯淡无光，还是明天的前程似锦，对我们都不重要，重要的是能够把握今天。既然知道今天为昨天的虚度光阴而懊恼，那么，明天就不能再为今天的浪费时间而后悔了。

我们总在想，如果时光能够倒流，该多好！如果时光能够倒流，我们将重新回到过去，可以纠正人生中的许多失误，可以让生活重新开始，可以重新选择事业和婚姻，可以让爱人回到自己身边，可以少许多哭泣，多许多笑容，可以……

你不觉得吗？这些"可以"是数不完的。期待时光倒流，是因为我们走了许多弯路，错过了许多时机，浪费了许多本该好好珍惜的东西；期待时光倒流，是因为我们做错了许多事，过去的一切给了我们教训；期待时光倒流，是因为我们在面对爱情时太不小心，给出太多的伤害让爱情痛不堪言，是因为我们不懂真正的爱情是让对方长成他们自己该长成的样子，而不是我们自己希望的样子，是因为我们不懂爱情里要有尊重、理解、关怀和责任。

其实，做到了把握今天就不必需要这么多"可以"。有句话说："昨天是神话与传说，明天是文学和艺术，唯独今天是金子。"的确，流逝的昨天不可挽回，明天又遥遥无期。只有今天，是真实的，是我们是能够实实在在把握的！是生命中实实在在可以用心感受的岁月。

一位哲学家经过一片废墟，一座有两副面孔的石雕吸引了他，石雕却先开口说："我是'双面神'。我的一面能够观察过去，吸取曾经的教训，另一面可以预知未来，勾勒明天的蓝图。你有什么不明白的可以问我！"

哲学家对于双面神的洋洋得意不以为然："你虽对过去了如指掌，对

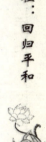

未来又洞察先知，但你却无视今天，不争现在。而这正是我所希望得到的，你到最后，得到的只是一片废墟。"话还没说完，双面神早已面红耳赤。

"不要为明天忧虑，因为明天自有明天的忧虑，一天的难处一天受就足够了。"

"对于一个聪明人来说，每一天都是一个新的生命。"

"想一想吧，这一天永远不会再来了。"

看到这些很有哲理的句子，你还会把过多的希望寄托在明天，过度地为明天而担忧吗？生命正以令人难以置信的速度飞快地溜过，今天才是最值得我们珍视的唯一的时间。只有能牢牢把握住今天的人，才能发现其实每一个今天都是一个宝藏，只要你愿意，就能找到闪光的宝石，让你的生命的宽度得到最大的延伸！

总之，别让今天从你的身边悄悄溜走！努力是为机会准备的，机会是为才能准备的，才能是为成功准备的。没有今天的努力，不用力榨取每一个今天，哪来今生的成功呢？

禅言慧语

一个个今天就好比是一步步的阶梯，是生命的组成单元，浪费今天就是浪费生命。珍惜生命，把握住每一个稍纵即逝的今天，人生才会离幸福更近、更充实。不要回想，也不要做未来的梦，逝去的不会回来，白日梦永远也无法实现。你的责任、你的奖赏、你的命运都在此时此地。

我们总称羡别人的能力比自己卓越，并不是他们的机会比我们多，而是他们能在每一个"今天"都抓紧认真学习，因而能在每一个"今天"累积、聚集更大的智慧与耐力，即使遭遇困难也能够有所突破。最重要的时候就是今天，因为我们能把握的只有现在。

左右之间，一线之隔

菩提一叶

山上的香客总有几位是常来的，有位女施主，戒嗔有些记不清她的姓了，不过样貌还是熟悉的。

一次，女施主对戒嗔说："小师父，你的年纪和我儿子差不多大，为什么你的眼神看起来比他要清澈很多？"

戒嗔笑答她，可能是因为戒嗔在蔡施主家里买水果的时候，经常把账本算错的原因吧。

女施主不解。

寺院的师父在一旁说道："专注做一件事情就可能会有超越年龄的成熟，也可能使其他方面有缺失，每个人的能力都不一定均衡，这也可能是有一双清澈眼神的戒嗔会经常算错账的原因吧。"

女施主略思，顿悟。

寺院里还有另一个小师弟戒尘，和戒嗔年纪相仿，喜欢在地上乱划，最近跟智惠师父学了些字，就更喜欢在地上乱写了，有次戒嗔在院子里行走，发现一条长长的粉笔线，可能是戒尘划的，线的两旁还写着不少字，左边写着很多"执著"，右边写着很多"偏激"。戒嗔顺着这条线慢慢走，有时候倾一下，脚步就落在左边，再倾一下，脚步又落在右边。

原来左右之间，仅有一线相隔。

他被大预制板死死压着，他一直坚持了70多个小时，但神志清醒，在等待工具到来的空隙，被预制板压得无法动弹的陈坚还饶有兴致地跟营救

069

一念放下，万般自在：回归平和

人员聊起了天，鼓励营救他的人员坚持到底："我不想我的小孩生下来就没有父亲。"陈坚强烈的求生欲望让人感动："我三天三夜没吃过一颗粮食，只喝了点水。但是我觉得我命还大，大难不死，必有后福。"可最后被救援出的他还是离开了人世。

生死在一线之间，失败与成功在一线之间，得失在一线之间，爱恨还在一线之间……天堂与地狱之间还是一线相隔。很好的观念如果不结合实务，就成了虚话；完善的方案不被执行人理解，就成了空谈；优秀的理论如果目的不对，也就成了文字游戏。就这样使一些原本经典的套话，严丝合缝的逻辑在滥用与乱用的情况下变得虚无缥缈，夸夸其谈。

仿若镜子的两面，失败与成功往往在不经意间转换，恍如一片悄然飘落的红叶，旋转跳跃在滚滚红尘之中。失败与成功的镜子，就这样一面似水，一面年华；一面光阴，一面寂静；一面暗淡，一面悠长。

掬一捧清泉在手，不及世俗的标准，终耐不住时间的老去，变为一地黄沙，撒落成片片的回忆。但是这回忆，又何尝不是完美的回顾，裹挟成生命终点的成功。倘不是失败过，怎会体味这心灵寂静的沉思。譬如左手失败，右手成功；失败是片片花落，点滴凄美；成功是含苞待放，一见倾心。可是花开之后终将花落，花落又化为泥土，奉养起这一树的花红。

英国伦敦大学的研究人员做了一项试验：让受试者面对他们憎恨的人的照片，然后对其大脑扫描，结果发现了一种大脑活动的模式，而这些活动也出现在与浪漫爱情有关的区域。"这一联系能解释，爱和恨的联系为什么如此密切。"

研究人员向志愿者展示了17个（其中有他们讨厌的人）男女的照片。结果发现，那些被憎恨的人要么是昔日情人，要么是工作上的竞争对手。研究人员通过大脑扫描找到了所谓的"憎恨电路"，他们说当人们看到令人讨厌的面孔时，"憎恨电路"就会接通。"憎恨电路"包括大脑皮质和下皮层的结构，是一种不同于害怕、威胁和危险等的情感模式。被"憎恨电路"接通的大脑区域有预测他人行动的部位,这在与自己憎恨的人对峙时相当重要。我们暂且不管这种试验精确与否,不可否认的事实就是在生活、工作中到处都存在一线之间。

古罗马的一个哲学家说过:"在理智与疯狂之间只有一条细细的红线。"这个细红线象征着一道森严的分界线:生与死、动荡与宁静、痛苦与快乐、自我与他人、人类与自然以及群体、种族之间。然而这些相互对立的事物之间本来就没有什么明显的界线来区分,也许仅仅只是一线之隔,而这条线可能仅仅存在于观念和思想里。这一观念和思想中的界限,不仅将原本浑然一体的万物分割开,还将它们对立起来,于是没有宽恕,没有谅解,没有沟通,没有创造,只有厮杀和毁灭。

很多时候,抉择和对错就在一线之间摇摆,我们该如何把握这一线之间呢?佛教说"万物性灵",自然万物与人之间是和谐,世界是浑然一体的。是什么搅扰了这种安宁与平衡?其实,无外乎人和人之间充满了怀疑、争吵、厮杀,或者痛苦的颤抖,于是积极、乐观、进取、向上,这才是生活的常态,阳光灿烂的人生。

命运有着不可预测的复杂性。有时,成功和挫折会交替出现。我们可以知命,但不能任由命运来摆布,更不能因为遭遇不幸就自暴自弃。重新振作,你会有新的发现。自由、和平与幸福需要我们把握行走的姿态和及时校正脚步的方向,找准生命的中线,调整自己。就像肯德基的创始人哈伦德·山德士说的:"人们经常抱怨天气不好,实际上并不是天气不好。只要自己有乐观自信的心情,天天都是好天气。"

禅言慧语

命运就是那么有意思,不会什么都让你称心如意,当你有一点点的成功时,他会让你知道什么是成功,而当你在做大做强的时候,他就会让你知道什么是失败,什么是你最后悔的事。健康、自由、幸福的生活需要我们去掌舵。

世人很难做到一心一用,他们在利害中穿梭,囿于浮华的宠辱,

一念放下,万般自在:回归平和

产生了"种种思量"和"千般妄想"。他们在生命的表层停留不前，这是他们生命中最大的障碍，他们因此而迷失了自己，丧失了"平常心"。要知道，只有将心灵融入世界，用心去感受生命，才能找到生命的一线。

种如是因，收如是果：修身养性

无俗情之浓腻 如水月般淡远

无俗情之浓腻，如水月之淡远。虽时空之隔阻而心心相印，历世事之迁移而息息相依。相忘于江湖而若对咫尺，相照于肝胆而浑然不觉。此无它，信之力也。生活处处充满行善的机会，就像一座矿山，等着我们去发掘。几乎所有的问题后面都是机会。坚硬的石头后面不就是价值连城的宝玉吗？要挖出来需要眼力、勇气。

被责也是一种幸福

菩提一叶

有一位在森林里修行的人，非常的纯净，也非常的虔诚，每天只是在大树下冥想、打坐。

一天，他打坐感到疲惫了，就到林间散步。偶然走到一个莲花池畔，看到盛开的莲花十分惹人怜爱。

修行人心里升起了一个念头：这么美的莲花，我如果摘一些放在身边，有着莲花的芬芳，精神一定会好得多！

于是，他弯下身来，在池边摘了一朵，正要离开的时候，听到一个低沉而巨大的声音说："是谁啊？竟敢偷采我的莲花！"

修行人环顾四周，什么也没看到，就对着空气说："你是谁？怎么说莲花是你的呢？"

"我是莲花池神，这森林里的莲花都是我的。你好歹还是个修行人，为什么偷采我的莲花呢？你自己心里起了贪念，不知道反省、检讨，还敢问这莲花是不是我的！"浑厚的声音说。

修行人的内心升起了深深的惭愧，就对着空中顶礼忏悔："莲花池神！我知道自己错了，从今以后痛改前非，绝对不会贪取任何不属于自己的东西。"

修行人正在惭愧忏悔的时候，有一个人走到池边，自言自语："看！这莲花开得多肥，我该采去山下贩卖，卖点儿钱，看能不能把昨天赌博输的钱赢回来！"

种如是因，收如是果：修身养性

说罢，那人就跳进莲花池，踩过来踩过去，把整池的莲花摘个精光，莲叶全被践踏得不成样子，池底的污泥也翻了起来。然后，他捧着一大束莲花，大笑扬长而去了。

　　修行人以为莲花池神会现身制止，斥责那个摘莲花的人，但是池畔一点儿动静都没有。

　　他疑惑地对着空气问道："莲花池神啊！我只不过谦卑虔诚地采了一朵莲花，你就严厉地斥责我，刚刚那个人采了所有的莲花，毁了整个莲花池，你为何一句话都不说呢？"

　　空中莲花池神说："你本来是修行人，就像一匹白布，一点点的污点就很明显，所以我才提醒你，赶快去除污浊的地方，回复纯净。那个人本来是个恶棍，就像一块抹布，再脏再黑他也无所谓，我也帮不上他的忙，只能任他自己去承受恶业，所以才保持沉默。你不要埋怨，应该欢喜，你有缺点还能被人看见，看见了还愿意纠正教导你，表示你的布还很白，值得清洗，这是值得庆幸的事呀！"

　　现实中的我们处在一个充满压力的时代，每个人都透支了自己的所有去追求金钱，在复杂的社会中消耗着生命的质感，我们似乎丧失了感知幸福的能力。我们在追逐经济利益的同时，不断承受着无尽的疲惫、困乏，乃至精力的超负荷。这一切都消耗着我们感知幸福的能力。即便有时候幸福悄悄来临，它也稍纵即逝。因为人生来感知幸福的能力就比感知疼痛的能力要弱。痛苦会渗透在一个人的人格层面，在不容易被探测的深处潜藏着，持续而坚韧地寻找释放的机会。

　　于是，在这种现实面前，很多人听到别人的批评就很沮丧，即使他们总说自己懂得忠言逆耳；还有的人受不了父母、老师和长辈的教导，总以为他们在向自己灌输"大道理"……其实，幸福从哪儿来呢？被责怪也是一种幸福！

　　有人不禁要问了：被责怪也是幸福？小的时候，我们不知道什么是幸福。父母让我们衣食无忧，而我们总想像其他孩子一样有掌上游戏机、有高档球鞋的生活，那个时候我们总觉得能不被父母、老师责怪是最幸福的事情。其实，对于那时的我们，幸福显得没有任何意义，我们感知不到它的存在。长大以后呢，远离了父母的怀抱、没有了师长的教导，自己却开始怀念过去、回忆往事，小时候自己做错了事、不完成作业被父母、老师责怪是多么的幸福。于是，我们开始感受丈夫、妻子、朋友的责怪。

想想吧，当总是有人责怪你的时候，一是你做的可能还不够好，二就是还有很多人去关心你，想帮助你，难道这不是一种幸福吗？就好比故事里的那个人，连神仙都不愿意批评他，他的生命还有什么价值可言呢？

"责怪"，在字典里的解释是责备埋怨，是一种带给人负面情绪的语言行为。可是，当你"啊嚏"连天，他一边责怪你不多穿衣服，一边把药塞进你嘴巴时，你是否感觉到了幸福在紧紧搂抱着你；当父母不顾子女的规劝，拖着年迈的身体努力劳作时，你是否望着父母蹒跚的背影，感激上苍还能给他们一份健康的体魄，父母健在，那是多么大的幸福呀！当你一边放着热水，一边凶巴巴地把家里的小脏孩往洗澡间拉时，你是否感觉到了这也是一种幸福！当你一进门就喊累，当你手忙脚乱丢三落四，她在后边一边嘟囔一边帮你收拾残局的时候，当你……这就是"责怪的幸福"。

什么是天空最美的时刻呢？就是有几朵纯白的云横过天际的时刻。云的纯白，反衬出天空的湛蓝。云太多，天就会显得零乱；云太大，天就会显得狭窄。因此，天空最美的时刻，也正是云最美的时刻。而人最美的时刻，是保持觉察的时刻。你远离了被责怪，远离了批评，那你也就远离了幸福。

077

三种如是因，收如是果：修身养性

禅言慧语

世界上没有一个永远不被毁谤的人，也没有一个永远被赞叹的人。当你话多的时候，别人要批评你，当你话少的时候，别人要批评你，当你沉默的时候，别人还是要批评你。在这个世界上，没有一个人不被批评的。

不要在你的智慧中夹杂着傲慢，多用心去倾听别人怎么说，不要急着

表达你自己的看法。能接受别人的责怪，你才能静心审视自己方向的正确与否；敢于面对别人的责怪，你才会吸收、感悟更多的人生经验。

别让绳子把你绑牢

> 活在世俗之间，需要给自己心中留下空间，以便回旋。——禅语

菩提一叶

故事一：一个后生要到禅院里去拜访禅师，在路上他看到了一件有趣的事，于是想就此去考考禅院里的老禅者。来到禅院，他与老禅者一边喝茶一边闲扯，冷不防他问了一句："大师，我有问题始终不明白，想当面请教，什么是团团转呢？"

"皆因绳未断。"老禅者随口答道。

后生听到老禅者这样回答，顿时目瞪口呆。

老禅者看到这个后生的表现，问道："什么让你如此惊讶？"

"不，老师父，我惊讶的是，你怎么知道的呢？"后生说，"我今天在来的路上，看到一头牛被绳子穿了鼻子，拴在树上，这头牛想离开这棵树，到草地上去吃草，谁知它转过来转过去都不得脱身。我以为师父既然没有看见，肯定答不出来，哪知师父出口就答对了。"

老禅者微笑着说："你问的是事，我答的是理，你问的是牛被绳缚而不得解脱，我答的是心被俗务纠缠而不得超脱，一理通百事啊。"

老禅者接着说："众生就像那头牛一样，被许多烦恼痛苦的绳子缠缚着，生生死死不得解脱。"

后生大悟。

故事二：佛下山游说佛法，在一家店铺里看到一尊释迦牟尼像，青铜

所铸，形体逼真，神态安详，佛大悦。若能带回寺里，开启其佛光，记世供奉，真乃一件幸事，可店铺老板要价5000元，分文不能少，加上见佛如此钟爱它，更加咬定原价不放。佛回到寺里对众僧谈起此事，众僧很着急，问佛打算以多少钱买下它。佛说："500元足矣。"众僧唏嘘不止："那怎么可能？"佛说："天理犹存，当有办法，万丈红尘，芸芸众生，欲壑难填，得不偿失啊，我佛慈悲，普渡众生，当让他仅仅赚到这500元！""怎样普渡他呢？"众僧不解地问。"让他忏悔。"佛笑答。众僧更不解了。佛说："只管按我的吩咐去做就行了。"第一个弟子下山去店铺里和老板砍价，弟子咬定4500元，未果回山。第二天，第二个弟子下山去和老板侃价，咬定4000元不放，亦未果回山。就这样，直到最后一个弟子在第九天下山时所给的价已经低到了200元。眼见着一个个买主一天天前来、一个比一个价给得低，老板很是着急，每一天他都后悔不如以前一天的价格卖给前一个人了，他深深地怨责自己太贪。到第十天时，他在心里说，今天若再有人来，无论给多少钱我也要立即出手。第十天，佛亲自下山，说要出500元买下它，老板高兴得不得了——竟然反弹到了500元！当即出手，高兴之余另赠佛龛台一具。佛得到了那尊铜像，谢绝了龛台，单掌作揖笑曰："欲望无边，凡事有度，一切适可而止啊！善哉，善哉……"

种如是因，收如是果：修身养性

　　科学家做过这么一个实验，在象还很小的时候，用一根铁链把它拴起来。小象就开始挣脱，可是挣了半天，伤痕累累，还是无法将铁链扯断，于是它懂得了：这根铁链弄不断。后来，等象逐渐长大之后，它有了足够的力气去挣脱这根铁链的束缚，但是它害怕让自己疼痛，让自己受伤。于是，你在电视或者图片中常常可以看到，一个庞大的身躯被一根小小的链子所牵引。

　　其实，令我们唏嘘的是这种结果并非驯兽师的伟大，而是大象自己的错觉，它以为这根铁链无法摆脱，就认命了。

　　那么，现实中的我们呢？一份学历，常常让我们如获至宝；一个职称，常常让我们争斗到你死我活；一次夸奖，常常让我们殚精竭虑；一回

得失，常常让我们咬牙切齿；一段情缘，常常让我们百感交集……为了名誉，我们日夜奔窜团团转；为了权力，我们上下打点、左托右谢团团转；为了挣更多的钱，我们大江南北、远离故地团团转；为了欲望，我们上下奔窜、左察右看团团转；那么，我们的快乐跑到哪里去了？幸福又在何处呢？

佛说，欲动，则心动；心动，自然烦恼丛生。因此，得与失、荣与辱、起与落，这些东西，如果你在乎的越多，心里就会越被缠绕；但是你舍弃的越多，内心就会越平静。我们常说，分担别人的痛苦，可以消解自己的痛苦；贡献自己的温暖，可以得到别人温暖的回赠。这不仅仅是爱的力量，还是对人生的觉悟。

你可以想象：放不下会被绳子拴住，心底无爱会抓紧绳子不敢放手，你若是闲得无聊还会舍不得放弃绳子……这绳子，就是你烦恼的根源。

看一个小故事：子夏和曾子都是孔子的学生。有一天，两个人在街上碰见。曾子上下打量着子夏，问："你一向疾病缠身，瘦骨嶙峋，怎么最近胖了，精神状态也好啦？"子夏得意地说："我最近打了一个胜仗，心情愉快，所以发胖了。"

"此话怎讲？"曾子不解地问。"我在书房里读书，当读了尧舜禹汤的道德仁义后，十分赞赏和羡慕，总是想做一个信守善道的人；可是走到街上看见世俗的荣华富贵，禁不起物欲的引诱，往往又想做一个待价而沽的人。这两种念头，日夜在我脑子里打架，一时也得不到平息。所以，我以前茶不思饭不想，人也瘦了，落了一身病。"

"那现在谁战胜了？""先人的仁义道德战胜了。所以你看，"子夏摸着自己的双下巴，"我就发福了！"

其实，从古至今很多先贤圣人都能够认识到，人的私欲是一种物质，而且是一种非常不好的物质，它是导致人体疾病的最大因素。人越追求的时候，这种物质在体内积存的越多，因而人也就越容易得病。

贪婪，这是我们最大的烦恼与障碍，有了钱，还要更有钱；有了房子，还要更多的土地；有了名利，还要更大的权势；有了权位名气，还要更长久的寿命来占有它……人的欲壑难填，绳子也就难断。禅师的"团团转"论教导我们，人应该珍惜当前所拥有的，而不要放纵自己的贪欲，做过度的非分之想，不但得不到你汲汲所要的，更失去了你本来可以得到的一切。

大象在木桩旁团团转；水牛在树底下团团转；我们的身体在一件事里团团转；我们的心在欲望的裹挟中团团转……为什么都挣不脱、拔不出呢？这皆因"绳"未断，我们紧紧地抓住绳子，生怕名利钱财会随风而去，却不曾想，我们自己倒先做了它的奴隶。

有的人说，人每达到一个欲望，也就解脱了一根绳子，达到的欲望越多，绳子解脱的越多，进入的社会、精神层次越高，也就越幸福。还有的人说，欲望的绳子没有尽头，如果能解开当然是好，如果解不开呢？是不是就被套牢呢？

现实中的我们，不可能远离欲望，欲望是社会发展之动力。那么，我们该怎么做呢？我们既不能赤身露体地万事皆空，也不能企图解开所有的绳子去追求"幸福"，那么，我们只有别让绑住自己的绳子套牢才是人生正道。

人活在尘世之中，不安静、图热闹、想折腾，这都无可厚非，关键不能让绳子把你绑牢了。一个人如果能够看淡世俗的荣华富贵，别扎进物欲的诱惑里出不来，在各种利益面前能够做到随其自然，那么他就是顺应了宇宙规律。这时，思想升华了，那么他的物质身体也要随之而升华、而改变，人生状态自然也就进入新的层面了。

种如是因，收如是果：修身养性

🌸 禅言慧语 🌸

人的一辈子就像梦一般缥缈易逝，抓不住。在一辈子中开心的事情有多少？在哀时光之须臾，感外物之行休中，不如把周遭的俗事抛开，将眼前的争逐看淡。世间的劳苦愁烦、恩恩怨怨，如有不能化解、不能消受的，不也经过这短短几十年就烟消云散了吗？

人生原本就是一出木偶戏，只要自己掌握牵动木偶的线，卷放自如，

不受他人左右，就算能跳出这个游戏场了。其实，不仅是求智慧，人生当中，做其他事也是一样，要心无旁骛地向着既定的目标前进，不能被绳子把你绑牢，否则你就成了团团转了。

自己就是一把标尺

认识自己，降伏自己，改变自己，才能改变别人。——禅语

菩提一叶

宋朝的大学士苏东坡，是一位虔诚的佛教徒，当他被贬到江北瓜州做官的时候，和一江之隔的金山寺高僧佛印禅师相处得很好，经常谈经论道。

平时二人在佛学、文学上总不忘相互切磋，但每次老是让佛印禅师占尽上风，苏东坡心里总觉不是滋味，所以百般用心，想让佛印下不了台。

一次，苏东坡与禅师坐而论道，东坡突起玩心，对禅师说："大师，你知道此刻你在我眼中像什么吗？"禅师说不知。东坡说："在我眼中，你就是一堆牛粪。"谁知大师并未大怒，反而莞尔一笑："恰恰相反，在我眼中，你是一朵鲜花。"东坡乐不可支，回家把这事得意地跟小妹谈起。苏小妹说："哥哥啊，你以为你占了便宜么？"东坡不解："不是吗？我骂他是牛粪，他不好意思生气，只得赞美我是鲜花了。"小妹说："不对啊哥哥。佛家有云，心中有即眼中有，你看他是牛粪，是因为你心有牛粪，他看你是鲜花，则是因为他心如鲜花啊。"苏东坡满面通红。

事隔多时，苏东坡觉得自己这么长时间也有一定的修持了，就想抒发一下自己的心得，随即撰诗一首："稽首天中天，毫光照大千，八风吹不动，端坐紫金莲。"

他写成后，立刻派书童过江送给佛印禅师品赏。

禅师看后，什么都没说，只是拿笔批了两个字，就叫书童带回。

苏东坡拿到信封时，以为禅师一定是对自己的禅境大表赞赏，急忙打开，一看只见上面写着两个字：放屁。

这下苏东坡真是又惊又怒，饭也顾不得吃，案件也放下不处理，立马乘船过江找佛印理论。

船还没到金山寺，就看到禅师在江边等候。苏东坡下船后看到佛印立即怒气冲冲地说："佛印，我们是知交道友，你即使不认同我的心得，也不能骂人啊！"

禅师大笑说："咦，你不是说'八风吹不动'吗，怎么一个屁字，就让你过江来了？"

苏东坡听后恍然而悟，惭愧不已。

有着深厚文化积累的苏东坡、自觉感悟佛法颇深的苏居士、能写就"八风吹不动"的苏学士，居然被禅师的一个"放屁"急得茶饭不思、脸红脖子粗的找禅师理论清楚，实在跟自己文豪、大家的身份不相匹配。

对于我们呢？有的专家自以为自己有足够的修养和学识，却怀疑那些不同的声音的出发点；有的管理者从来就觉得自己"牢骚全收、意见兼听"，却对质疑和询问大发雷霆；还有的人，太相信自己的能耐，盲目的狂妄自大，却没有想到自己早掉进了自己设置的陷阱……这类人有一个共同的地方，就是他们用自己的标尺去卡量别人，而不是衡量自己。

佛说，耳中常闻逆耳之言，心中常有拂心之事，才是进修德行的砥石。若言言悦耳，事事快心，便把此生埋在鸩毒中矣。这段话的意思是：一个人的耳朵假若能常听些不中听的话，心里经常想些不如意的事，这才是敦品励德的好教训。反之，若每句话都好听，每件事都很称心，那就等于把自己的一生葬送在剧毒之中了。

我们来看看什么是"八风"：一、赞：有人"称赞"我们的时候，总不免感到满怀的欢喜。二、讥：有人"责骂"我们的时候，总令我们感到

无限的羞辱。三、毁：有些人爱背后说人家的坏话，一旦被我们知道了，总感到忍受不了，总心存报复。四、誉：当别人"背后褒奖"我们，认为是一种荣誉，而不觉沾沾自喜。五、利：当我们的事业成功，"万事顺利"的感受，自然令我们感到满足。六、衰：当我们处于衰败，所有的打击都能使你感到万分的颓丧。七、苦：当种种的烦恼逼迫得我们的身心难以承受，深感人生确为一大苦聚。八、乐：当我们的身心获得非常适意时，总认为那是人生快乐的享受。这八风时时刻刻的围绕在我们周围，躲不掉、逃不开，苏学士写就了八风吹不动，照样会被"责骂"激怒。

现实就是这样，有的人将你抬得很高，有的人却把你贬得很低，那么，你该怎么办呢？抬举就高兴、贬低就生气吗？其实，你就是你，你究竟有多大出息，取决于你到底怎样看待自己。别人的评价并不是主要的，自己的价值所在取决于你怎样看待自己。你认为自己是珍珠，你就是珍珠；你认为自己是草芥，你也就只能如此卑微。

无论是工作、学习还是日常生活中，对于自己的所能，不应该狂妄自大；对于自己的缺陷，也不要妄自菲薄。应该珍惜自己所拥有的，对于他人的所长，也应该以大气的心怀去欣赏，并且还要以平和的心态看待别人对自己的评价。苏东坡不应为"屁"过江找禅师理论，我们也不能为一句意气话大动干戈。

再则，我们每个人都应当学会宽容，不仅仅是宽容别人，还要学会宽容自己。宽容别人重要的是要容得下别人不同的观点、见解以及相对个性的行为方式。要宽容自己，是说要宽阔自己的心胸，要虚其怀、类若谷。只有我们的心胸足够阔大了，才可担当起包容宇间万事万物的重任。

生活在纷乱繁杂的社会，不少烦恼与痛苦必然是难免的，也许你工作中被领导同事激怒过；也许你在交际中被朋友的无心之语刺痛过；还可能你对路人的一个眼神很不满……种种的不悦会让你心神不宁，这只会平添你的烦恼。我们应该只需全神贯注，不要被愚弄，也不要被相关的评判所左右！我们需要善于扩展心胸，把你"认为"特别严重的事情看淡，把过去无法放下的困扰逐渐解脱，我们的境界便会出现奇妙的改变。

元代的胡肋写过这么一首诗："武夷新采绿茸茸，满院春香日正融。浮乳自烹幽谷水，轻烟时扬落花风。醉歆纱帽肩双户，静听松涛起半空。唤醒玉川招陆羽，共排间阖诉诗穷。"最为著名的就是"静听松涛起半空"，这也是告诫后人，心量放大，不要总拿自己的标尺卡别人，而是先量量自己的长短。

人在世间，很多东西我们无法逃避，但我们需要更多的觉悟。"菩提本无树，明镜亦非台。本来无一物，何处惹尘埃。"本性不是说出来的，是需要做出来。

我们都知道，一枚绿叶是永远不会沉入水底的。只要你自己是纯净的，流言蜚语、诽谤和诋毁，只能把纯净的心灵淘洗得更加纯净。绿叶不沉，纯净的心灵又有什么能把它击沉呢？即使把它埋入污泥深掩的塘底，它也会绽出一朵更美更洁的莲花。所以，如果你是绿叶而不是枯叶，就不必在意那些所谓的"八风"。只要你经常用标尺卡量自己，就能让自己更加纯净，升得更高。

做自己的主人

我们不能改变周围的世界，我们却能改变自己。——禅语

一位高僧有次云游到一地，看见一个人正用杨枝漱口，并把牛黄涂在前额，头顶戴着贝壳，手拿毗勒果高高举起，然后贴在额上，态度非常的恭敬。

085

种如是因，收如是果：修身养性

高僧看见他这个样子，不解地问道："施主，你在干什么呢？"

施主得意地说："大师，我在扮吉相。"

"扮吉相能得到什么好处呢？"高僧很迷惑。

"这样就能得到巨大的功德，譬如受苦的人可以让他们活得幸福；被捆绑着的人能得以解脱；受罚的能被宽恕……"

听到施主如此无知的话，高僧笑道："如果说扮作吉相就能获得这些福利，那真不错。可是请你告诉我，这牛黄是从哪里来的？"

"牛黄是从牛的胸腔中取出的。"施主说。

"如果涂上这牛黄，就可以得到吉祥和福报，那么，牛为什么反而被人用绳子、链子穿透鼻孔，被迫去拖车，被人骑乘，而且还要忍受鞭策、饥渴和疲劳的煎熬呢？"

"牛的确是过着这样的生活。"施主点头表示同意，但他不明白这是为什么。

"牛自身拥有吉祥的牛黄，却不能解救自己所受的困苦，这又是为什么呢？"高僧见施主仍然迷惑，又进一步开解说："牛有牛黄，尚且不能解救自己的苦痛，而你只是在额上擦些牛黄，又怎能解救自身的困境呢？"施主听完高僧的教训，觉得有道理，也就默不做声了。

高僧又问他："这种雪白的硬物，又能吹出声音的东西，到底是什么？它是从哪里来的？"

"这是从海里涌出来的贝壳。"施主回答。

高僧解释道："它显然是被海浪遗弃在陆地上，又被烈日炙晒，才窒息而死的。倘若如此，怎能说是吉相呢？那只虫跟贝一块儿生活，昼夜都藏在贝壳里。但当它死去的时候，贝壳尚且救不了它，你现在只是暂时戴上了贝壳，如何救得了你的不吉呢？"施主一听，连连点头，默默不语。

高僧知道自己的话已经打动了对方，便继续说："你告诉我，世人把它看成是欢喜丸，非常重视的那个东西是什么？"

"那是毗勒果啊！"施主说。

"毗勒果是树上的果实。人要得到它时，先用石头投掷，毗勒果和树枝就一块儿坠地。因为有果实存在，树枝和叶子才会被打落下来。"

"的确如此。"

"如此看来，你就算有了它，又有什么吉相可言呢？果实虽然生长在树上，自身却无法守住这棵树。有人投掷要得到它，树枝和树叶同时坠落，又被做成柴薪燃烧而不能自救，怎么又能保护得了人类呢？"

听了高僧一番诚恳的话，这个人心头的迷惑顿时解开了。他终于明白，这世上根本没有一个外在的可以主宰吉凶的东西。

如何看待人生，每个人有自己不同的认识。现在社会上面流传一种"云帆济沧海"的观点，觉得依靠外物、凭借外力才能达到别人所不及的地方。你要有所怀疑，他就能搬出诸如"站在巨人的肩膀上"、"相信奇迹"等话来搪塞你。

最明显的例子就是，大家一般有什么不顺心或者不愉快的事情，都会去相信那些所谓的能掐会算之人。其实，这些人有一个是好命的吗？他们大多穷困潦倒，躲在墙底下、天桥上混日子。你要是问他们怎么不给自己算命，他们大多都会振振有词地说：自己的命自己是不能算的。一个连自己的命都无法搞明白的人，还大打旗号说给别人算命，这不很可笑吗？

德国诗人歌德说过："谁若游戏人生，他就一事无成；谁不能主宰自己，就永远是个奴隶。"每个人的心灵，都是自己做主的地方，它能让地狱变成天堂，也能让天堂变成地狱。自信是我们寻求力量取之不尽的源泉，没有它，你将一事无成。心灵能够支撑的成长与发展限度是没有止境的。如何做最好的自己，使自己的身、心、灵都能得到和谐完美发展，充分展示自己完整的人生呢？那就是真正做到"主宰自己"。因为，你无法改变天气，却可以改变心情；你无法控制别人，但却能够掌握自己。

有人说了，做自己的主人太难，也太累，我只想跟着成功者的脚步或者现成的经验就可以了。但是他们忽视了，要想改变自己，拥有成功的人生，首先要做到的就是自己改变自己，塑造自己独立的思维、树立超越自己的信心，并把这种习惯始终如一地贯彻到每一天、每一个行动中。

种如是因，收如是果：修身养性

人只有改变自己的思想，不单单依靠才能改变自己的人生，人战胜不了别人或者只想得到幸运女神的眷顾是因为首先他战胜不了自己的怯懦和弱点。很多成功人士认为，与自己竞争要更有意义，和自己竞争才能超越昨天的自己。其实，我们的人生路，再亲密的人也不能代替你走，再完美的外在帮助也不能让自己一帆风顺。如果我们早一点学会自己掌舵，才能主宰自己的命运，才不会每天都给自己留下遗憾。

外在的帮助固然重要，但只有自己才能真正地主宰自己。正如故事中的这个人所领悟到的，世上并没有外在的、可以主宰吉凶的东西。因此，一定要学会做自己的主人。

禅言慧语

我们这仅有的一次生命，为什么要让别人主宰自己？为什么非要依靠外力呢？只有自己去挣脱绑缚我们生命的枷锁的束缚，才能让自己拥有正确的价值观和判断力，拥有自己独立的自控权。自己的命运掌握在自己手里，自己才是真正主宰自己的命运者。

做自己的主人，才能更正确地认识自己的生命，不再盲目地执著身内或身外之物为"我"，不再被世间的无常变化所困扰，就能够更好地把握自己的心念，对每种想法的产生，都能清清楚楚；对每种情绪的出现，都能明明白白，就不会心甘情愿地做它们的奴隶。

忍耐就有路，宽容路更宽

与人相处之道，在于无限的容忍。——禅语

菩提一叶

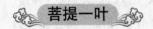

从前，在古印度舍卫城中，有一位叫作鸯掘摩罗的年轻人。他是一位

大臣的儿子，不但聪明伶俐而且还是位美男子。对印度人而言，"美男子"另外也是"造孽"、"犯罪"的意思。果然这位年轻人真的"罪业"缠身，当时他跟随一位婆罗门修行，而婆罗门的妻子却不断地向他表示好感。

由于鸯掘摩罗是位正直上进的年轻人，对于师母的求爱总是冷然置之。百般勾引不得其门而入的师母恼羞成怒，于是就向她的丈夫告状说鸯掘摩罗故意侵犯她。

婆罗门上师为了惩罚鸯掘摩罗，于是命令他到舍卫城街上杀一百名男女，并将尸体的小指头切下来做成项链。

由于鸯掘摩罗不敢违背师命，他由一位心地善良的年轻人变成了一个杀人不眨眼的魔王。当鸯掘摩罗杀了九十九个人，准备再去杀最后一个人之时，他遇到了释尊。本来他也准备杀掉释尊，最后却因听了释尊的教诲而放下屠刀，剃度成为佛弟子。

可是，虽然鸯掘摩罗已成为佛弟子，但是这并没有让人们忘记他的"罪行"。一天，鸯掘摩罗来到舍卫城中托钵（化缘），由于城里的人对这位过去的杀人魔王旧恨未消，因此每个人一看到他就纷纷用石块砸他，当然更不会有人用食物供养他了。日复一日，鸯掘摩罗总是空着钵回来，更糟糕的是，他总是伤痕累累。

释尊只是默默地看着他。直到有一天，释尊终于对他说："鸯掘摩罗啊！再忍耐吧！此乃是你来世应该受的业报而在此世应验啊！"

终于，十年之后，鸯掘摩罗得到了城里人的原谅，他的忍耐也得到了回报。

很多时候，我们陷入痛苦不能自拔，并非自己不能解脱，而是你不想解脱。我们无法从容地面对苦难和挫折，我们无法做到忍耐，我们只想着如何尽快结束苦难，而不是细究造成苦难的本质。

现实中的我们，很多人动不动就想逃避现实，不能忍受眼前的苦难，只是一味地幻想不切实际的未来，或是沉湎于无法改变过去；还有的人借酒浇愁或者颓废不堪，在被苦难与挫折击中后，往往会不自觉的躲避。这

种如是因，收如是果：修身养性

是多么愚蠢的行为，但是我们却常常无法自觉。

生是苦，老是苦，死是苦，与所怨憎的聚会是苦，与所爱的分离是苦，所求而不得是苦——所谓五蕴皆苦。五蕴皆全，谓之"有情"。爱欲之河流转生死，爱乐受，爱有，爱无常，于是六道轮回，苦海无涯。现实中，我们会遇到各种各样的苦难、矛盾和挫折。

那么，我们该如何办呢？古今中外，无数成功人士的身上都有一个共同点：忍耐、包容。俗话说，在矛盾纠纷中忍让是宽容，在名誉利益中退让是淡泊。一个有涵养的人，在面对各种非原则的矛盾时，要懂得忍让，巧妙化解，善于变寒霜为春风，化干戈为玉帛。忍让路就宽，宽容路更宽。其实，忍让和宽容不仅仅是一种美德，也是人生的一种境界，它是化解矛盾的良药，是沟通心灵的桥梁，它在消除怨恨的同时又让我们获得了爱与快乐。

在我们陷入人生低谷的时候，一些无端的蔑视会不期而遇；在我们处在为生存苦苦挣扎的关头，肆意践踏你尊严的人恰好出现；在我们遇到很难迈过的坎坷时，落井下石的悲哀还得痛苦承受。而针锋相对的反抗是我们的本能，但往往会让那些缺知少德者更加变本加厉。我们不如理智去应对，以一种宽容的心态去展示并维护我们的尊严。那时你会发现，人和邪恶在正义面前都将无法站稳脚跟。

无论遇到何种苦难，凡事多看好的一面，就容易理解与宽容，不仅能减轻对方的痛苦，事实上，是在升华自己。因为，用嗔怒的心来面对一切的人事物，我们的人生也将时时忿忿不平，陷于琐屑的烦恼之中，因为别人一句无心的话，却多心地曲解。过度保护自己的人，就像自己拿了好多条绳索绑住自己一样，常常扭曲了别人的用意，自寻烦恼。而当我们包容别人的时候，我们反而能得真正的快乐。当我们自己的心窗纤尘不染时，理智的阳光就会驱散心头的晦暗，只要我们愿意朝向阳光，阴影自然就落在身后。

有一句话是这样说的："很多时候，并非你不能忘记，而是你不想忘记。"如果你时时放任自己去追念那已经失去了的，徒劳无功地去惋惜，甚至痛苦，那就只能使伤口愈来愈大。但假如你明白念念不忘是因为你不想忘记是因为你下意识地享受那点痛苦，那你就得承认这是咎由自取。其实只要你的脑筋稍活动一下，略微移动一下脚步往后退一点，你就可以发现，你周围还有那么广大的世界，这世界并不因任何人一点小小的不幸，而停止活动。

人生不就是如此吗？当我们遇到坎坷、挫折时，也要把曲折的人生看作是一种常态，不悲观失望，不长吁短叹，不停滞不前，把走弯路看成是前行的另一种形式、另一条途径，这样我们也可以抵达人生的远景。把走弯路看成是一种常态，怀着平常心去看待前进中遇到的坎坷和挫折，这将助我们更好地走出自己的人生精彩。这就是人生的智慧。

禅言慧语

凡事多看好的一面，就容易理解与宽容，不仅能减轻对方的痛苦，事实上，是在升华自己。因为，用瞋怒的心来面对一切的人事物，我们的人生也将火气不断，陷于琐屑的烦恼之中，因为别人一句无心的话，却多心地曲解。过度保护自己的人，就像自己拿了好多条绳索绑住自己一样，常常扭曲了别人的用意，自寻烦恼。而当我们包容别人的时候，我们反而能得真正的快乐。当我们自己的心窗纤尘不染时，理智的阳光就会驱散心头的晦暗，只要我们愿意朝向阳光，阴影自然就落在身后。

人类的心灵，也许能和含有人类青年时期觉得不合脾胃的那种凄凉的世界景物越来越协调。将来总有一天，整个的自然界里，只有山海原野那种幽淡无华的卓绝之处，才能和那些更有思想的人的心情绝对地和谐。

感悟中道，明心见性

看轻别人很容易，摆平自己却很难。——禅语一个学僧到法堂请示禅师道："禅师！我常常打坐，时时念经、早起早睡、心无杂念，寻思在所有的弟子中，没有一个人比我更用功了，为什么就是无法开悟呢？"

禅师拿了一个葫芦、一把粗盐，交给学僧说道："你去将葫芦装满水，再把盐倒进去，使它立刻溶化，你就会开悟了！"

学僧虽然很疑惑，但还是拿着葫芦和粗盐去了。不一会儿，学僧跑回来说道："这个葫芦口太小，我把盐块装进去，它不化；伸进筷子，又搅不动，我还是没有开悟。"

禅师拿起葫芦倒掉了一些水，只摇几下，盐块就溶化了，禅师慈祥的说道："一天到晚用功，不留一些平常心，就如同装满水的葫芦，摇不动，搅不得，如何化盐，又如何开悟？"

学僧："难道不用功可以开悟吗？"

禅师："修行就好比弹琴，弦太紧了会断，弦太松弹不出声音，中道平常心才是悟道之本。"

学僧终于领悟。

莎士比亚曾说过很有禅意的一句话："一个谈过恋爱失败的人，也胜过没谈过恋爱的人幸福。"一般我们的精神世界，往往不是偏于感性，就是偏于理性。

那些偏于感性的人，往往抱有比较强烈的主观意识，而这些主观意识中不乏对人生和世界怀有偏执、狭隘的认识。而偏理性的人，虽然通晓人情，洞明世事，却仍然昧于因果缘起法理，无法通达空性，自然不能认清事物的本质，乐来仍执为乐，苦来仍执为苦，没有解脱的可能，甚至比偏感性的人更加执著他自己的看法。

好比对待商家促销，感性的人很可能禁不住诱惑，买了很多自己不需要的东西，而偏于理性的人可能就会说，"羊毛出在羊身上，还奢望商家出血";一个项目失败了,感性的人会大呼小叫,"活不下去了,老是失败";理性的人可能只是说,失败了不怕,继续就是了,却不去考虑失败的原因。

其实,现实中无论偏于感性还是理性的人,都容易将心灵束缚在强烈的我执及我所执的障碍里,不能包容他人,终日陷在苦痛胶着之中,无法自拔。情感与理性的矛盾,可说是普遍困扰着每个人的心理障碍,之所以会这样,就是因为人们都缺少另外一种理性——明心见性的中道理性。

我们面对很多问题、超越情感所带来的种种束缚时,所呈现出来的理性,多半分为两种。

一种称为"经验的理性":也就是经过教育和生活磨炼所达到的理性。他们知道什么事情不能做,什么话不能讲,在现实生活中,他用这种方式来应付他人。虽然此人很有理性,但却是在意识经验累积下所培养出来的,这样的理性是无法得究竟解脱的,因为教育中产生观念,觉得做人应该这样做才不会痛苦、才叫有修养,这不过是观念化的人格。

另一种理性称为"明心见性的中道理性":不管别人如何待他,他都不去曲意逢迎。对别人有益的,他会坦诚相告,无益则绝口不提。在这当中流露出来的语言,是非常慈祥温馨与关怀,而这便是禅的意境——中道的理性。

现在,我们经常会听到、看到一些杀人和自杀的报道,而他们很多人生活美满,也受到过很高的教育。可是,有一天不知道发生了什么争执,悲剧却发生了。对于这些人来说,能说他们缺失理性吗?他的教育程度如此高,经历也是如此的丰富。

世间事,不是一味执著就能进步的,读死书而不活用,不能获益。留一点空间,给自己转身;余一些时间,给自己思考,不急不缓、不紧不松,那就是人道之门了。

那么,我们如何才能把握中道的人生,演好这出戏呢?

首先要坦然地接受你的角色。记住,"所有发生于你的都是合理的",因此,无论你从事什么样的工作,处在什么样的岗位,在重新选择之前,

种如是因,收如是果:修身养性

都要把它当作是你自己的事情，全身心地投入进去。如果你在履责，那么不管你是冻馁还是饱暖、嗜睡还是振作，被人指责还是被人赞扬，垂死还是别的事情，让它们对你都毫无差别……做好我们手头要做的事就足够了。即使是做一颗螺丝钉，也要做一颗不松动的，这才是一个负责任的从业者。也正是这种务实的精神，才能铸就你事业成功的阶梯。

其次是要执著于事业的目标。做任何事情都可能会遇到挫折，如果你根据正确的原则没有做成一件事时，不要厌恶，不要沮丧，也不要不满，而是在你失败时又再回去从头做起。灰心丧气是人在失败后的自然反应，这并没有什么，重要的是要能够从失败中吸取教训。我们不能改变环境，但可以改变自己，从跌倒处爬起来，再从新开始。这种永不服输的精神和永不言败的勇气才是真正的力量所在。对于一个坚守职责的人来说，没有任何一种失败是真正的失败，除非自己放弃了努力。

最后是修订自己的目标。在漫漫人生旅途中，许多人因自己没有高尚的追求而迷失方向，最后落得一败涂地。然而也有许多人，选好了自己的人生目标，朝着自己的目标去努力，走出了人生旅程的康庄大道。可以说目标对我们的成功具有至关重要的意义，当你想要做出某项行动时，制定目标就是至关重要的第一步。如果你想要一个懒人动起来，与其打他骂他，不如给他一个强大的目标，促使他行动。

其实，经验的理性所蕴藏的危机是由外在教育产生的经验保护作用失去时，所显现出来的。正因为是"经验"的理性，才使得使用理性的效果大打折扣，而这种最直接的表现就是无知、嗔恨、贪心。

现实的生活，总难免遇到许多干扰，影响自己的判断和思维。诸如自以为是、坚持成见、情感激动、情绪不稳、看事不明、认人不清、料事偏执，等等。这很需要我们时时抱持客观，刻刻保持冷静，这种客观冷静的理性生活，其实就是中道的理性。

禅言慧语

如果我们能够通达无我的真理，就能更正确地认识自己的生命，不再盲目地执著身内或身外之物为"我"，不再被世间的无常变化所困扰。就能够更好地把握自己的心念，对每种想法的产生，都能清清楚楚；对每种情绪的出现，都能明明白白，就不会心甘情愿地做它们的奴隶。

人必须在自我中觉醒，才能破除我执。唯有透过中道的理性，才能没有压迫，没有贪嗔痴，没有无明烦恼，没有攻击伤害，才能体现圆满、圆融的心境，将一个人最高的精神层次、"禅"的中道意境完全展露。

放低你的姿态

你什么时候放低姿态，什么时候就没有烦恼。——禅语

菩提一叶

有一个郁郁寡欢的年轻人，千里迢迢跑到终南山寺院，对住持明心禅师诉苦："我一心一意要学习绘画，但走遍天下，没有找到一个让我满意的老师。"

明心禅师淡淡一笑说："老和尚虽不懂丹青，但也喜好欣赏，收藏一些名家精品。既然施主画技不俗，那就请给老僧留下一幅墨宝吧。"小和尚闻声备下文房四宝。

明心禅师继续说："老和尚最大的嗜好，就是闲来品茗饮茶。施主不妨给老僧画一只茶杯、一只茶壶吧。"年轻人慨然应允，铺纸运墨，不一会儿，一只倾斜的茶壶和一只精致的茶杯跃然纸上，栩栩如生，水壶内的茶水徐徐吐出一脉茶香，缓缓注入到茶杯中。年轻人踌躇满志，得意洋洋，龙飞凤舞地在上面题上"茶香四溢"四个大字。

搁笔后，年轻人问明心禅师："大师，这幅画您老人家可否满意？"禅师瞥了一眼，摇摇头说："你画的确实不错。但我感觉，你把茶壶，茶杯

的位置颠倒了。老僧看来，应是茶杯在上茶壶在下。"年轻人哈哈大笑，说："大师好糊涂。哪有茶壶往茶杯里倒水，茶杯在上、茶壶在下的道理呢？"

禅师捻须朗笑："孺子可教也！其实，你懂得这个道理呀。只可惜，这些年来，你总是把自己的杯子端得高高的，比那些你要求教的茶壶还高。那样，老师们智慧的香茗，又怎能注入你的杯中呢？"

年轻人如醍醐灌顶，连连给禅师作揖、拜谢。从此，他谦卑恭敬地拜师学艺，终于集众家之长于一身，成为画坛的一代大师。

俗话说，人往高处走，水往低处流。我们认为的人生总是向上的，这也是众生一种普遍的心理。然而事实上，就是这个"人往高处走"的理念，让很多人吃尽了苦头。客观地讲，人生一世，是不可能总往高处走的，沉浮起落、坎坷挫折，下坡路的时候还是很多的，我们虽然尽量避免，但也不可能不走。

试想一下，当一个百万富翁一夜之间变得一文不值；当你从领导岗位退居二线；当你的下属突然做了你的上司；单位不景气，事业陷入困境，家庭遭受变故；昨天的名人沦为今天的过气剩星……这些不如前的现象很多人都经历过。每当这个时候，往日的标准都会大打折扣。由此看来，人生不可能总是守在一个较高的标准上，高标准本身就是一种完美主义的化身，其中包含着对周围事物的苛求。结果是把自己累垮了，周围人也受不了。如果这时候还保持一种高标准的期待；还是一味地"人往高处走"，就会遭遇打击，饱尝痛苦，陷入烦恼的境地。于是这时放低自己的姿态，便成为唯一正确的人生选择。尤其在当今这个充满竞争的社会，"高姿态"往往是靠不住的，极易被动摇。降低标准、放低姿态反而成了人们解决难题的一把钥匙。

降低标准、放低姿态并不是要你遇事遇人不做一点努力坚持就退缩，更不是要给你传输消极理念的好处，而是一种心理调理和应对。"人生是不确定的"，外在的事物总在不断的变化，好与坏、顺与不顺，常常像双胞胎一样，结伴而来。不管是在心理上还是在生理上，不管是在主观上还是在客观上，过高的标准和姿态都会使人时时处处面临着一种高度的威胁，有时甚至使人丧失信心。

现实社会中，许多人之所以不能适应新的环境，会有那么多的痛苦烦恼，就是因为守着一个高标准不放，他们认为自己只能上升不能下降。譬如，经济危机的蔓延，很多外资企业、投行、私立银行的倒闭使一大批优秀的经济人才流入到了社会，但是，习惯了优越的办公条件和高薪的他们，很多人并未放低自己的姿态，还是那么高的标准，结果屡战屡败，弄得灰头土脸。

降低标准、放低姿态不仅是要我们降低生活的标准，还有降低位置，放下架子，不顾面子，甚至还要放弃追求以往美好的向往。承认现实，敢于面对残酷的一切。毋庸置疑，现实中，很多人之所以败下阵来，甚至从此被打败，都是因为不肯降低标准。其实，那些就此降低标准、降下身份的人很快又会快乐起来。由此可见，降低标准的确是人生的一种快乐良方。只是这种良方，并不适用于每个人，也不是每个人都能接受的。但纵观我们的一生，不管你是主动的也好，被动的也罢，降低标准却是随时都存在着的。降低自己的身份，降低自己的名誉，降低自己的头衔，正如佛学所说的"放下"二字。我们是否能够放下，同样也需要英雄般的气概。

佛觉禅师有言：涧谷把自己放低，才能得到一脉流水。大海之所以大，是因为其能谦下。很多人能在降低标准中不断完善自己，从头再来。其实，为了能够活得好一些，并时时快乐着，降低标准，有时会是我们最明智的选择。为人谦下为要，学习虚心为真。时常把自己的茶杯放低，保持适当的谦下，我们就能常得香茗注入，而这也正能使我们提升，使我们更加充盈。

种如是因，收如是果：修身养性

禅言慧语

高峰和低谷会一直伴随人的左右，如果你在低谷放低自己的姿态，只会让自己落的更低。只有学会放低自己，眼界才能宽阔，心底才会宽广，

才可以真正学到别人的经验和智慧！

做小事的境界

一叶知秋，小中见大。——禅语

菩提一叶

故事一：是元禅师以雕塑精美的佛像著称于世。

这一天，一个小和尚再次来到是元禅师的禅房，发现自他上周参观以来，是元禅师一直忙于同一尊罗汉像的雕塑工作，感到非常奇怪。

望着诧异的小和尚，是元禅师解释道："我在这个地方润了润色，使那儿变得更加光彩些，使面部表情更柔和了些，使那块肌肉更显得强健有力，然后，使嘴唇更富有表情，使全身更显得有力度。"

小和尚不解地说道："但这些都是琐碎之处，不大引人注目啊！"

是元禅师回答道："你说的也许有一定道理，但你要知道，正是这些细小之处使整个作品趋于完美，而让一件件作品完美的细小之处，可不是一件小事情啊！那些成就非凡的大家总是于细微之处用心，于细微之处着力，这样日积月累，才能渐入佳境，出神入化。"

故事二：佛祖有个弟子叫般特，他生性迟钝，佛祖让五百位罗汉天天轮流教他学问，可是他仍然一点儿也不开窍。佛祖于是把他叫到前面，逐字逐句地教他一首诗偈："守口摄意身莫犯，如是行者得度世。"

佛祖说："你不要以为这首偈子很平常，你只要认认真真地学会这首偈子，就相当不容易了啊！"

于是，般特翻来覆去的就学这首偈子，有一天终于体悟出了其中的禅理。

觉悟

J U E W U

有一次，佛祖派般特去给附近的僧尼讲经说法。那些僧尼早就对般特的愚笨有所耳闻，所以心里都很不服气，私下说："这样愚钝的人也会讲经说法啊？"但是，他们表面上仍然很有礼貌地接待般特。

般特惭愧而谦虚的对僧尼们说："我生来愚钝，在佛祖身边只学到一个偈子，现在讲给大家听听。"

接着，般特就念那首偈子："守口摄意身莫犯，如是行者得度世。"

他刚念完，僧尼们就开始哄笑起来，私下说："竟然只会一首启蒙偈子，我们早就倒背如流了啊，还用你来讲什么啊？"

但般特不动声色，仍然从容地往下讲。他说得头头是道，而且讲出了很多新意，从一首看似普通的偈子道出了无限深邃的禅理。

这时，僧尼们听得如痴如醉，连连赞叹起来："一首启蒙偈子，居然能够理解到这么深的程度，实在是高人一等啊！"于是大家对他肃然起敬。

这两个故事说明了什么呢？我们每天念着"一屋不扫何以扫天下"、"从小做起"，可是我们依然是不想去做小事人们认为，小事做不出"名堂"，往往不乐意或不积极去做。

所谓小事，无非是指工作和生活中常见的、简单的、琐碎的事。实际上，大多数人在大多数的时间里都是在做平凡的小事。比如：做一份总结，组织一次讲课，写一份报告，完成一项阶段性的事务，等等。小事还可以小到我们日常工作生活中言行举止的每一个细枝末节。

老子说："天下大事，必做于细；天下难事，必成于易。"只有把小事做细，才能把大事做实、做好。比如写一个总结报告，人人都能写，人人都会写，但写的质量不一样，有的总结得全面，有成绩有经验有数字有措施有分析有深度，但有的总结得肤浅，只是一些数字的简单罗列。

什么是小事？什么又是大事？欠账还钱是小事吧，但是因为不还钱而导致跳楼、爬高压电线杆就成了大事；一颗毫不起眼的螺丝是小事吧，可没做好它，飞机可能失事，机器会不工作……现实生活中的人们有太多烦恼和太多不高兴的事，志向高远者感觉怀才不遇，碌碌无为者抱怨时机未

种如是因，收如是果：修身养性

至，中庸圆滑者琢磨错失良机……太多的人自信"天生我才必有用"，想做大事，成就大业，总不屑于做小事。想做大事的人很多，但愿意把小事做细、把小事做好的人很少。

日常工作和生活中，人们对于简单易做的事情往往不够重视，有的是因为感觉太简单、太容易，而不屑用心去做，也有的是眼高手低，看似简单容易的事情也做不好，特别是一些高学历的人，刚参加工作时往往觉得自己怎么可能去做一些基础的工作呢？对于普通的日常工作不想做，当然就不可能做好，久而久之，成了大事做不了、小事做不好的人，光阴飞逝，到头来只能虚度光阴，一事无成。

当然，任何事情都不是绝对的，由于工作环境会变，服务的对象会变，工作要求也会变，人们的工作状态和工作技能等也在变，一些看似简单容易的小事情，每天也并不是简单的重复。人们更应当从这个变与不变的相对简单容易的事情中，找到最佳的工作方法，达到最佳的工作效果，从而把简单的事做好、把容易的事做好、把小事做好，并且能够坚持不懈地把简单容易的小事做好，这才是需要的结果。身边有很多人，不屑于做具体的事，总盲目地相信"天将降大任于斯人也"。这些人"大事做不来，小事不愿做"，孰不知能把自己所在岗位的每一件小事做成功、做到位就很不简单了。

GE 公司前 CEO 杰克·韦尔奇说过："一件简单的小事情，所反映出来的是一个人的责任心。工作中的一些细节，唯有那些心中装着大责任的人能够发现，能够做好。"把每一件简单的事做好就是不简单；把每一件平凡的事做好就是不平凡。每一天，我们都要尽心尽力地工作、生活。每一件小事情，都力争高效地完成。尝试着超越自己，努力做一些份外的事情，不是为了看到老板、亲人的笑脸，而是为了自身的不断进步。

把每一件简单的工作做好，就是不简单，把每一件容易的事情做好，就是不容易。试想，机会不正是在不简单和不容易之后出现的吗？既然如此，我们唯有把每一件琐细平凡的工作都做得出色，机会就会无处不在。

禅言慧语

俗话说,一叶知秋,我们要懂得从平常中看到不平凡,从小中见大。

古话说得好:"勿以善小而不为,勿以恶小而为之。"我们每天做的,也许在别人眼里是既简单又容易的事,但真正能够做好,真不容易,真不简单。把简单的事做好了就是不简单,把容易的事做好了就是不容易,把平凡的事做好了就是不平凡。把小事做好,其中有原则、有境界,值得我们好好把握。

珍惜自身宝藏

人生的真理,只是藏在平淡无味之中。——禅语

菩提一叶

有一次,石屋禅师和偶遇的一个青年男子结伴同行,天黑了,那个男子便对禅师说道:"天色已晚,不如在我家过夜,明日一早再行赶路。"

禅师向他道谢,与他一同来到了他家。半夜的时候,禅师听见有人蹑手蹑脚地来到了他的屋子,正在翻自己的包裹,禅师大喝一声:"谁?"

那人被吓得跪在地上。禅师揭去他脸上蒙着的黑布一看,原来是白天的青年男子。

"怎么是你?哦,我知道了,原来你留我过夜是为了这个!我一个和尚能有多少钱!你要干就干大买卖!"

那男子说道:"原来是同道中人!你能教我怎么干大买卖吗?"他的态度是那么的恳切、虔诚。

禅师看他这样执迷不悟,对他说道:"可惜呀!你放着终生享用不尽

的东西不去学，却来做这样的小买卖。这种终生享用不尽的东西，你想要吗？"

那男子兴奋地问道："这种终生享用不尽的东西在哪里？"

禅师突然紧紧抓住男子的衣襟，厉声喝道："它就在你的怀里，你却不知道，身怀宝藏却自甘堕落，枉费了父母给你的身子！"

真是一语惊醒梦中人啊！这个人从此改邪归正，拜石屋和尚为师，后来居然成为了一名著名的禅僧。

当我们认为自己一无所有的时候，我们不要忘了，我们还有一个高贵的灵魂，失败算得了什么，大不了从头再来。我们可千万不要自甘堕落，因为天堂与地狱就在于一念之间。

真正的财富在哪里？在自己的心里。心里生起智能，智能就是我的财富；心中生起满足感，满足感就是我的财富；心中生起惭愧心，惭愧心就是我的财富；心中生起禅定，禅定就是我的财富；心中生起般若智能，般若智能就是我的财富。所以我们不一定要在心外寻找财富，真正的财富应该是内心源源不断的能源。

大珠慧海禅师未开悟时，到江西拜谒马祖道一禅师。

马祖问他："你从哪儿来啊？"

慧海回答说："我从越州大云寺来。"

马祖又问："千里迢迢，你来我这里准备做什么？"

慧海说："我来向大师求佛法。"

马祖说："我这里一无所有，求什么佛法？"

慧海不放弃的说："请大师赐法与我吧！"

马祖说："你自己有宝藏都不用，却抛家乱走，反倒向别人乞求。"

慧海听了，迷惑地问："什么是我自己的宝藏？"

马祖笑着说："是啊，就是现在正站在我面前问我佛法的那个。"

慧海仍不解地问："难道就是我自己？"

马祖说："就是。这就是你的宝藏，一切具足，更无缺少，而且使用

觉悟

J U E W U

方便，非常自在，你又何必向外求觅?"

慧海自识本源心性，当即大悟。心中感恩不尽，禁不住频频顶礼马祖禅师。

其实，有的人一生顺风顺水，从小到大，学业顺利、事业成功、爱情美满，无论做什么事情都很如意；有的人则是挫折连连、坎坷不断，创业失败、钱财被盗、情人远离，事事都难顺己心。其实，不管成败，都有一定的因果关系，成有成的原因，败有败的理由，成败都是一时的。所以，不以一时的成败论英雄，也不要因一时的成功而志得意满，更不能为了一时的失败而灰心丧志；认清有成有败的人生是合理的，就能胜不骄、败不馁。

所以说，有了明确的目标，人生才有坚定的方向。最不幸的人是确定目标后，却不自觉地偏离了航向，甚至与目标截然相悖。人生的不幸不在于身陷困惑，而在于不知道已身陷困惑。当你知道迷惑时，并不可怜，当你不知道迷惑时，才是最可怜的。

很多时候我们认不清自己的"宝藏"，要认识我们自己，从此岸走到彼岸，我们需要拥有一座心灵的桥。这样的桥是无形的。它架在我们每一个人心里面。要走上这座桥，就要认识我们自己。这种认识实质上是一种寻找，而不是来照镜子认识镜子中的自己。

地球的引力是向下的，一个人如果能冲破重力的阻碍，保持一种昂扬向上的姿态，他就会拥有一种积极而光明的心态，命运就会给他一张快乐的笑脸；反之，一个人如果屈从于环境的压力，逆来顺受，他就会养成一种消极阴暗的心理，命运就会给他一张忧伤的苦脸。时刻记住，你自己就是一座宝藏，你自己就是取得成功的最大资本。

种如是因，收如是果：修身养性

103

禅言慧语

生活不在乎是否幸福和温暖。我们每个人都有自己诉不出的苦，而重要的是，我们能不能抓住生活中幸福和温暖的瞬间。

每个人都是上天精心打造的一座宝藏，每个人都拥有开启这个宝藏的

钥匙，只是你愿不愿意用"心"去把它开启。现在已经开启，或有待开启，又也许将永远不被开启，这就是宝藏的特性。如果你能找到一把合适的钥匙，它就将被开启。每个人都是一座不寻常的宝藏，都是独一无二的，这是无法取代和复制的。

学会取悦自己

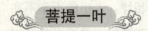

不懂得自爱的人，是没有能力去爱别人的。——禅语

菩提一叶

夕阳西下，寺庙里，一群小和尚围着老方丈席地而坐。

老和尚手持一把扇子悠然自得地摇着，小和尚唧唧喳喳，问老和尚道：

"师父，什么样的人才能是高僧、是智者啊？我们都想做高僧，做智者呢。"

老方丈眯着眼，微笑着望着这群小和尚，笑道：

"达摩祖师有一大群弟子，其中三弟子和小弟子两个人最受尊敬，被你们称为高僧、智者、大师……总之，当时能用的称谓都用上了。忽然有一天，达摩祖师让这两个弟子云游四方，普度众生，两名弟子欣然而应。于是，两个人就一起下山了。

"后来，两个人都做了不少好事。当然，也都受到了不少赞誉，只是两个人在助人时的性格迥然不同。三弟子一直都是默默无闻地帮助着别人，只要别人有需要，他都绝不吝啬。小弟子就不一样了，他每隔半年就跑到深山里去。于是，很多人都认为小弟子喜欢偷懒……同样是高僧，对三弟子的评价总远远比小弟子多。

"二十年过去了，达摩祖师圆寂了。他的弟子们都继承了他的遗愿——行善助人，普度众生。这时，三弟子的名声盖过了小弟子，在所有弟子中最为响亮。

"又十年过去了，三弟子的身体越来越差了，别说帮助别人，甚至连自己都需要人照顾了。此时，众人忽然发现，身边助人的僧人越来越多了，都十分年轻，且都有一个习惯，每隔半年就跑到深山里去了。于是，众人就想到了那名早年成名的小弟子。

"不久后，人们果然发现自己的猜测是正确的。这些年轻僧人都尊称那名小弟子为师父。"

说到这儿，老方丈顿住了，问小和尚们道："知道最后人们为什么喊达摩祖师的小弟子为高僧、智者了吗？达摩祖师的小弟子跑到深山里又去干什么了呢？"

"去教弟子啦。因为他教了好多弟子呀，这些弟子都能在他老的时候继续帮助别人呀。"小和尚们唧唧喳喳着。

"这不是主要原因。"

"那主要原因是什么呀？"小和尚们眨着眼睛，问老方丈道。

"达摩祖师的小弟子跑到山上，是去休息了、去快乐了。真正的高僧、真正的智者，应该懂得休息，懂得享受快乐。一个僧人，连自己都快乐不了、休息不好，就是连自己都没有度好。既然连自己都没有度好，又怎么去度人呢？"

"所以啊，做个真正的高僧，首先应该懂得快乐，先度自己再度别人。"

小和尚们似懂非懂，却做醍醐灌顶状。

看着小和尚的样子，老方丈哈哈大笑。小和尚们也笑了，瞬间，小和尚们发现：这一刻，自己也成了高僧。

一个人如果想获得心灵上的长进，就必须懂得自我与外在的关系。很多人并不快乐，于是，他们有的做志愿者，有的时常做善事，他们在享受

种如是因，收如是果：修身养性

着助人得到的"快乐"。可是，如果你不做志愿者了，没能力做那么多善事了，你的快乐该去何处寻找呢？

身处在社会中，每天接触社会中形形色色的人和事，虽然腿长在自己身上，头脑可以自己支配，但往往有些时候会身不由己，看别人的脸色行事。这时，你只是一个躯壳，灵魂却掌握在别人手中。

如果你是个学生，也许你会被作业压着，被父母、老师逼着学习；

如果你是个职员，也许会在老板的支配下完成一天的工作；

如果你是……我们究竟为谁活着呢？为父母？为老师？为老板、上司？我们为了什么活着呢？为了父母、老师的夸奖？为了的到老板、上司的赞扬？为了博美人一笑？

有人向禅师抱怨自己的苦恼。

禅师笑了，指着窗外一株茂盛的植物说："你看，那是什么花？"那人看了一眼植物说："夜来香。"

禅师说："对，这夜来香只在夜晚开放，所以大家才叫它夜来香。那你知道，夜来香为什么不在白天开花，而在夜晚开花呢？"这个人看了看禅师，摇了摇头。

禅师笑着说："夜晚开花，并无人注意，它开花，只为了取悦自己！"

此人吃了一惊："取悦自己？"禅师笑道："白天开放的花，都是为了引人注目，得到他人的赞赏。而这夜来香，在无人欣赏的情况下，依然开放自己、芳香自己，它只是为了让自己快乐。一个人，难道还不如一种植物？"

禅师继续说道："许多人，总是把自己快乐的钥匙交给别人，自己所做的一切，都是在做给别人看，让别人来赞赏，仿佛只有这样才能快乐起来。其实，许多时候，我们应该先为自己做事，再为别人做事。"

苦闷的人笑了，他说："我懂了。一个人，不是活给别人看的，而是为自己而活，要做一个有意义的自己。"

禅师笑着点了点头，又说："一个人，只有取悦自己，才能不放弃自己；只要取悦了自己，也就提升了自己；只要取悦了自己，才能影响他

人。要知道，夜来香夜晚开放，可我们许多人，却都是枕着它的芳香入梦的啊。"

很多时候，我们甚至不清楚，我们的生活到底是为了自己而活，还是为别人的眼光而活。想想看，小学、中学、大学、参加工作、结婚生子……哪段生活是自己为自己而活的呢？我们太在乎别人的感受，太害怕亲人的责怪，我们总是小心翼翼地按照他们给铺垫的轨道前进。人生的前半段我们无法自己选择，那么，你的后半段呢？我们被太多的琐事羁绊住了追求自我的脚步，实在可怜。

其实，我们要为自己的人生、前途、命运而活。命运掌握在自己手中，所以我们要为自己而活。我们没有必要为了旁人而活，因为他们的命运似乎和我们的前途无关。有一天，你真的把对他人脸色的恐惧抛弃在脑后，那么你也就可以全身心地来为自己的前途打拼。现在就算是一时挣脱不开别人对你的束缚，你仍可以朝着自己的目标奋发。

为自己而活，不要再受人驱使，不要再受他人干扰，才能让自己的梦想、前途迸发出无穷的力量！当你成功时，你一定会站在云端，回首自己的奋斗史，不仅发出感慨，那时你一定会更加坚信：要为自己而活！那就让我们从现在开始，挣脱束缚，不受禁锢，为自己而活吧！

禅言慧语

那些缺乏自信的人，不会取悦自己的人常常自惭形秽，而且存有自卑心理。他们常常把自己的思想、自己的意识关进囚牢，或者不知不觉地把它抛弃了。他们往往对外界实行妥协态度，只图自己的言行与外界协调，喜欢看别人的模样，听从别人的命令。他们为别人做了很多事，想换取内心的安宁，却不遂人愿。

有道是人生一本账，需要时刻面对许多无情的价值题，而且其结果往往左右人的一生。这样的题，在每个人身上、甚至在每一个时刻，都有可能遇到。笃信"天生我才必有用"，认识自己，发现自己，战胜自己。只有你自己，才是你人生命运的主人。

最害怕的是什么

菩提一叶

小和尚问老和尚："师父，一个人最害怕什么？"

"你以为呢？"老和尚含笑看着徒弟。

"是孤独吗？"小和尚首先说道。

老和尚摇了摇头："不对，再说。"

"那肯定就是误解？"小和尚马上回答。

老和尚摇摇头："也不对。"

"难道是绝望？"

"不对。"小和尚一口气答了十几个答案，老和尚都一直摇头。

"那师父您说是什么呢？"小和尚没辙了。

"就是你自己呀！"

"我自己？"小和尚抬起头，睁大了眼睛，好像明白了，又好像没明白，直直地盯着师父，渴求点化。

"是呀！"老和尚笑了笑，"其实你刚刚所说的孤独、误解、绝望等，都是你自己内心世界的影子，都是你自己给自己的感觉罢了。你对自己说：'这些真可怕，我承受不住了。'那你就真的会被打败。同样，假如你告诉自己：'没什么好怕的，只要我积极面对，就能战胜一切。'那么就没什么能难得倒你。何必苦苦执著于那些虚幻？一个人若连自己都不怕，他还会怕什么呢？所以，使你害怕的其实并不是那些想法，而是你自己啊！"

小和尚恍然大悟。

很多时候，我们活在自己为自己编织的圈圈中，我们害怕现实的残酷、社会的不公、策略的失误、对手的咄咄逼人，可是我们从来没有想到过，我们怕过自己吗？

有人说，这也太可笑了，我自己怕自己什么呢？先看一个故事。

在一些日本的禅院中，有一个旧的传统：那就是一个流浪的和尚与一个当地的和尚要辩论有关佛教的问题，如果他赢了，那么他就能住下过夜，如果输了，他就不得不继续流浪。

有兄弟俩掌管着这样的一座寺院。哥哥非常有学问，而弟弟比较笨，并且只有一只眼睛。

一天晚上，一个流浪的和尚来请求住宿，哥哥学习了很久，感到非常累，所以他吩咐他的弟弟去辩论，哥哥说："要在沉默中进行对话。"

过了一小会儿，那个流浪者来见哥哥，并且说："你弟弟真是个厉害的家伙，他非常机智地赢了这场辩论，所以我要走了，晚安。"

"在你走之前，"哥哥说，"请告诉我这场对话。"

"好，"流浪者说，"首先我伸出一个手指代表佛陀，接着，你的弟弟伸出两个手指，表示佛陀和他的教导；为此我伸出三个手指，代表佛陀、他的教导和他的门徒，接着，你聪明的弟弟在我面前挥动着他紧握的拳头，表示那三个都是来自一个整体的领悟。"随后，流浪者走了。

过了一会儿，弟弟带着一副痛苦的样子跑进来。

"我知道你赢了那场辩论。"哥哥说。

"没什么赢的，"弟弟说，"那个流浪者是个非常粗鲁无礼的人。"

"噢？"哥哥说，"告诉我那场辩论的主题。"

"嗨，"弟弟说，"当他看见我时，他伸出一个手指头侮辱我只有一只眼睛，但因为他是一个新来的人，我想还是礼貌些，所以我伸出两个手指，祝贺他有两只眼睛。这时，这个无礼的坏蛋伸出了三个手指，表示在我们中间只有三只眼睛，所以我气疯了，威胁地用拳头打了他的鼻子——所以他走了。"

种如是因，收如是果：修身养性

流浪者被自己打败，还以为是别人的修行比他高。其实，现实中这类人层出不穷。依赖、附属，害怕变成独立的自我，心甘情愿地把自己交出去，任凭别人摆布，质疑自己的处世能力，没有归属感、没有安全感；谦虚、息事宁人、无私忘我、有同情心、感同身受；忍耐力超强；卑微，从不要求什么；服从，配合度百分之百，乃至于牺牲自己，夸张者奴颜婢膝；极力避免"自转"，害怕被孤立、分离、抛弃、不被保护和寂寞……

科学家研究发现，害怕的第一要素，是死亡；第二大要素，是未知。如果你不知道自己是谁，你会害怕，因为害怕的第二要素是未知。如果你已经知道了，你还是会害怕，因为害怕的第一要素是死亡。我们害怕做自己，像鸵鸟一样，他把头埋藏在生命深渊的沙子里，虔诚地相信别人是一个大好人。只有克服了自己的害怕，才算抓住了害怕的本质。

总结害怕，我们可以分为四个原型：害怕失去自我，避免与人来往；害怕分离与寂寞，百般依赖他人；害怕改变与消逝，死守着熟悉的事物；害怕既定的事实与前后一致的态度，专断自为。

其实，人各有所长，各有其短。看不到自己短处的人容易自傲，看不到自己长处的人就丧失了自信。在生活中，你应该相信自己、挖掘自己，学会更多地发现和观察自己心灵深处那一闪即过的火花。

人生最大的敌人不是别人，是我们自己。因为外面的环境容易了解，容易防备，反而是自己不容易认识自己，不容易明白，不容易控制处理。我们对自己的贪欲往往禁止不了，脾气、嗔恨也化解不了，于是自己成为自己的敌人，处处招怨怨、惹灾祸，所以人生最大的敌人是我们自己。

禅言慧语

外物的害怕最多让我们有所忌惮，但是自己内心的"害怕"会让我们心神不宁，而这种害怕，我们往往以为是外物带来的，蒙蔽了心灵。

我们之所以害怕，全部是由于我们自己，我们必须明白"害怕"的本质是虚幻的，当我们能切实懂得这一点，就不会再执著于外物带来的烦扰，而此时"害怕"的本质也会浮现。

四

命由己造，相由心生：点亮心灯

点亮心灯，发掘般若智慧

点亮内心的智慧灯："千年暗室，一灯即明。"我们的般若智慧，也像灯光一样，可以照亮内心的愚痴、无明。无明就是烦恼，它能遮蔽我们的真心，让我们看不清自己的本来面目；就如乌云遮日，天地自然阴暗。我们唯有净化心灵，把内心的尘埃拂拭净尽，则乌云散去，阳光普照，自然晴空朗朗。所以，我们要点亮心灯，要发掘般若智慧，才能认清自己。

平常心是道

菩提一叶

李翱是唐代思想家、文学家。哲学上受佛教影响颇深，他所编著的《复性书》糅合了儒、佛两家思想，他认为人性天生为善，非常向往惟严禅师的德行，任朗州刺史时，曾多次邀请惟严禅师下山参禅论道，都被惟严拒绝了。所以李翱只得亲身去拜见惟严禅师，去的那一天，巧遇禅师正在山边树下看经。

虽然是太守亲自来拜访自己，禅师毫无起迎之意，对李翱不理不睬。侍者提醒惟严说："太守已等候您多时了。"惟严禅师只当没听见，只顾闭目养神。

李翱偏是一个急性之人，看禅师这种不理睬态度，忍不住怒声斥道："真是见面不如闻名！"说完便拂袖欲去。

惟严禅师这时候才慢慢睁开眼睛，慢条斯理地问："太守为何看中远的耳朵，而轻视近的眼睛呢？"

这话是针对李翱眼之所见不如耳之所闻而说的。李翱听了一惊，忙转身拱手谢罪，并请教什么是"戒定慧"。

"戒定慧"是北宗神秀倡导的渐修形式，即先戒而后定，再由定生慧。但惟严禅师是石头希迁禅师的法嗣，属于惠能的南宗，讲究的不是渐修，而是顿悟法门。

因此惟严禅师回答说："我这里没有这种闲着无用的家具！"李翱丈二金刚摸不着头脑，只得问："大师贵姓？"惟严禅师说："正是这个时候。"

李翱更弄不明白了，他只好悄悄问站在一旁的寺院的总管，刚才大师回答是什么意思？总管说："禅师姓韩。韩者寒也。时下正是冬天，可不是'韩'么？"

惟严禅师听后说："胡说八道！若是他夏天来也如此问答，难道'热'么？"

李翱忍俊不禁，笑了几声，气氛顿时轻松多了。他又问禅师什么是道。惟严禅师用手指指天又指指地，然后问他："理会了吗？"李翱摇摇头说："没有理会。"

惟严禅师说："云在青天水在瓶。"这时，突然一道阳光射了过来，正巧照见瓶中的净水，李翱顿有所悟，不禁随口说了一首诗："炼得身形似鹤形，千株松下两函经。我来问道无余说，云在青天水在瓶。"

不知他是领会了惟严说的禅机呢，还是在赞美老禅师说得好，抑或是说老禅师道行高。反正这首诗成了千古绝唱的禅偈。

故事中的惟严禅师开始并没有理睬李翱，因为禅师知道，太守来见一个和尚，心里难免有优越感，不管是来请教问题还是参阅佛法，开始都不会静心静思，所以想挫挫他的傲气和火气，以便投入参禅问道的心境。到了后来，禅师见李翱心平气和了，这才对他说了人道的真谛：云在青天水在瓶。

"云在青天水在瓶"，禅师短短的七个字却有两层意思：一是说，云在天空，水在瓶中，这是事物的本来面貌，没有什么特别的地方。这传递出你只要领会事物的本质、悟见自己本来面目，也就明白什么是道了；二是说，瓶中之水，就好比人的心，如果你能够保持清净不染的话，那么你的心就像水一样清澈，装在方瓶就是方形，装在圆瓶就是圆形，适应能力随着外物所变化。即所谓的能刚能柔、能大能小，就像青天的白云一样，自由自在。

想来也是，我们都生活在高低、美丑、是非、好恶的对立空间里，周围的事物无不充斥着各种对立，让我们疲于应对。这也产生了两种人的做法：有人以乐观的心态生活、处世，见到的是阳光的一面。但有人则以悲观的眼睛看问题，触目所及都是黑暗和灾难，难免心生挫败。那么，到底哪一种心态更好呢？

有一位禅师有三个弟子，有一天，师父问三人："门前有二棵树，荣一棵，枯一棵，你们说是枯的好还是荣的好？"大徒弟说："荣的好。"二徒弟说："枯的好。"三徒弟说："枯也由它，荣也由它。"禅师默默地点了点头。

其实，无论你选择前两者中的哪一种心态，都会产生得失之心，因受外境影响而或喜或悲，如枯也由它，荣也由它，则无论世事如何变迁，皆可泰然处之。

而我们往往就处于前两者的选择当中，不信你看：两个人走进花园，不多久，其中一个人说："这里是个好地方，因为这里开过很多花，还有花的味道。"不一会儿，另一个人说："这里是个坏地方，因为这里的每朵花都谢了，没有生机。"这就是现实中的我们，缺少一种平常心。很多时候，我们自己连一个人都容纳不下，这怎么能够被原谅呢？不是别人不能原谅自己，而是自己不应该原谅自己。

譬如，我们指导别人做事，如果对方肯接受，有进步，我们就会欢喜，心里就欢喜；但是如果他难以接受，甚至于所作所为与我们所教的完全相违背，我们就生烦恼了，心自然也会被烦恼所污染。想想，现实中的我们，是不是这样呢？

因此，我们对万事、万物要有一个基本的心态，即平常心。这源于对现实的清醒认识，追求的是沉静和安然。我们用超然的心态看待苦乐年华，以平和的心境迎接一切挑战，奋斗之后得之不喜，失之不忧。拥有平常心，人生将变得更加平静而从容。

平常心也会使人不断收获与进步，因为人的最大敌人就是自己，要战胜自己就先要认识自身的缺陷，人如果没有平常心，是不可能发现自己的缺点的，又谈何完善自我呢？

"云在青天水在瓶"不能仅仅成为禅师们启发信徒的一句诗偈，它还

应该成为我们为人处世要做到荣辱看淡、物我两忘的境界，这也是我们现实社会人最难得的精神状态。《金刚经》讲"不取于相，如如不动"。虽然人生的道路会坎坷，福祸一直相随，但如果用一颗平常心去看待它们，即使不能改变自己的命运，也能调整自己的心态。

"平常心是道"，要你在面对任何事时，都要有平常心。顺境逆境如此，得意失意也如此。对人生的否极泰来，穷通末途，皆顺之应之。关汉卿在《闲适》里这样说："南亩耕，东山卧，世态人情经历多。闲将往事思量过，贤的是他，愚的是我，争什么？"人生岂可事事如意？但求无愧于心。如此心境，还有什么放不下的忧愁？

平常心并不是消极等待或放弃追求，而是要用平常之心看待身边的事。不要被表面的困难吓倒，如果你真的去做了，你就会发现，事情其实没有你想象的那么难，难的是你如何突破自己的内心。

116

禅言慧语

保持一颗平常心，意味着凡事能够做到不骄不躁，"以出世之心，做入世之事"；保持一颗平常心，意味着在现代紧张生活的压力下，仍有心情去感受宠辱不惊，花开花落的自在。

我们之所以有喜、有怨、有恨，是由于我们有分别心。我们太过于执著虚幻的"心"和虚幻的"执著"产生。由于这样虚幻的执著心，让我们沉陷于喜、怨、恨、痛苦的泥淖而不能自拔。所以，我们必须明白"怨恨"的本质是虚幻的。当我们能切实懂得这一点，那么我们就不会再执著于怨恨的虚幻，而此时"平常心"的本质也就得以浮现了。

心静才是幸福

若无闲事挂心头，便是人间好时节。——禅语一天，在灵山会上，大梵天王以金色优波罗花献佛，并请佛说法。可是，佛祖一言不发，只是用手拈花遍示大众，从容不迫，意态安详。当时，会中所有的人和神都不能领会佛祖的意思，唯有佛的大弟子——摩诃迦叶尊者妙悟其意，破颜为笑。于是，释迦牟尼将花交给迦叶，嘱告他说："吾有正法眼藏，涅槃妙心，实相无相，微妙法门，不立文字，教外别转之旨，以心印心之法传给你。"

若干年后，达摩回天竺前，问弟子"何为道法？"

道副说："不执文字，不立文字。"达摩说："汝得吾皮。"

慧可默然无言，礼拜后，依位而立。达摩赞许说："汝得吾髓。"

这个传说在讲禅宗"说似一物即不中"的精神。因为，正如"第一义"不可言说，只能妙悟，要求心领神会，心心相印。

佛祖在大庭广众之下，一言不发，不动声色的微笑，从容不迫，宁静安详，这其中的微妙究竟在哪里？

其实，这里所表达的是一种无言的心态——安详、静谧、美好。这不能用任何语言和行为来打破，这种心态纯净无染，无欲无贪，乐观自信，无拘无束，不着形迹，不可动摇。

迦叶与佛祖在灵山会上心心相印，仅是拈花微笑而已，没有任何其他的表示，但一切尽在不言中，此时无声胜有声。而佛祖最后对迦叶所嘱咐的话，也正好是对这种心态的最好证明。

从前有位祖师在回答修行是什么的问题时说："饥来吃饭，困来即眠。"听的人不明白：谁不会吃饭、睡觉呢？祖师就说："你们吃饭时挑肥拣瘦；睡觉时又东想西想。"所以，如果我们真正想要心静的话，要把原有的贪、嗔、痴的生活，改变为智慧的、慈悲的、健康的生活。

每个人在生活中，都有或多或少的心态问题，以吃饭为例：你是带着贪心在吃？还是带着嗔恨心在吃？吃饭原始的目的只是为了生存，为了我们得以维持。但很多人吃饭早已超过这个界限，有时为了贪图口腹之欲而

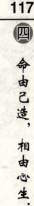

大造杀业；有时为了虚荣和面子而一掷千金。所以说，如果我们不能以平常心来吃饭，遇到好吃的饭菜就会起贪心。反之，则会起嗔恨心；为了吃给别人看，那又是虚荣心和我慢心在作怪；看到别人吃得好，自己吃得不好，心里不平衡，还会产生嫉妒心。不好好吃饭，就会带来这么多的贪、嗔、痴烦恼。

古语说："若无闲事挂心头，便是人间好时节。"没有心事也就没有烦恼和负担，才能开心。吃饭是如此，睡觉也是如此。尤其是那些有自己一番事业的人，每天俗务缠身，到了晚上仍妄想纷飞，结果备受失眠折磨。

我们的"心"，在现实生活中有着最为丰富的诠释。认识自己的心，把握自己的心，自如地运用自己的心，这是很高的境界。"心"本来是自然的、清净的，没有造作，不染纤尘。如同静静的湖水，内不涌动，外无波澜，但心的这个"本来"，被无明烦恼障蔽后，变得杂乱垢染，如同湖面起了波涛。

我们的"心"，时时刻刻受到外部世界的冲击，变化不停。在"心"的变迁中，如果可以清楚地看到善是怎么生的，恶是怎么起的，并通过有效的训练，使心不向外追逐，便可安住于平静中。这种平静离开了苦乐的对立，离开了善恶的造作，解脱了烦恼的束缚，超越了世人的日常感受。这对于从来没有受过有效心灵训练的人，是非常难以想象的。其实，它的内涵不过是通过种种正确无误的手段、方法，使人去掉无明烦恼，恢复本来的清净而已。

我们的"心"，通常处在"贪"、"嗔"、"痴"之中。贪得无厌，就会掠夺；嗔心大作，就会杀害；痴无智慧，就会加剧贪婪与仇恨。平和的人心，可以造就平和的闲谈，这样一来，人与人之间的关系会更加亲切，家庭会更加稳固，社会发展欣欣向荣。

看一个故事：有两只小鸟住在同一棵树上，它们长得一模一样。其中一只鸟栖息在最高的树枝上，完全宁静，一动不动地闭着眼睛，停留在内心的某一个地方。另一只鸟儿栖息在最低的树枝上，从这根树枝跳到另一根树枝，渴望这朵花又渴望另一只水果，跟这个竞争又跟那个竞争，嫉妒这个又嫉妒那个，一直坐立不宁、躁动不安。

慢慢地，那只坐立不安的鸟儿感到很疲倦，因为它一天到晚老是动来动去。有一天，它往上看，看到树枝顶上有另外一只鸟儿，那只鸟儿和自己一模一样，就像是自己的复制品，但是它非常安静，好像树枝下的那只鸟儿不存在一样。

那只坐立不安的鸟儿被那种宁静吸引，开始往上飞，飞上更高的树枝……和那只宁静的鸟儿越来越近，最后合二为一。

其实，这两只鸟儿并不是两只，它是人意识的两个层面，每一个人都有这两个层面。在生命的树上，你最内在的观照栖息在树枝上，由深深的宁静所产生的一切美和一切光辉，都在散发出来。而树枝下的那只鸟儿，内心充满竞争、嫉妒、愤恨、抗争、嗔恨，做了许多事，感到挫折又挫折……这是每个人心灵中的两个层面，就看你生活在哪个层面。

许多人都生活在树枝下的那只小鸟的层面。他们从一出生时起，就开始向外追求，追求功成名就，生活在由种种欲望所产生的悲伤和烦恼中。害怕失去金钱、失去权力，害怕寂寞……很少有人会向内在观察，去发展自己的清净心、平等心。

其实，一个人安静独处是很美的状态。向自己的内心看，观察内在，将一切纷扰的外缘都丢出去，将自己对世界、对人生的种种欲望、愤恨、不平都丢出去，只让自己安安静静地待着，寻找一种由喧嚣和热闹所无法比拟的宁静的喜悦，发展自己的平等心、安详心，让自己内心的那只坐立不安的小鸟飞上树枝，飞到安静的小鸟处，做一只安静的小鸟，让你的生命达到喜悦安乐的境界。

真正的平静会让人感到无比幸福和充实，那应该是真正的充实，而不会感觉到任何空虚。

禅言慧语

面对喧嚣，你只需全神贯注，不要被愚弄，别陷入对世上事物的依恋当中，也不要被相关的评判所左右，只需让一切自由来去，让不执著和专

四 命由己造，相由心生：点亮心灯

注来守卫你的心！俗话说，行由心生，掌管好自己的内心才是关键。如果他人向我们发无名火时，他自己本身可能受到了误导，或不自控，这时，你若也跟他一起火，那结果只能两个人都燃起来，对他对己都没有丝毫好处。把心沉静下来，有些火会自己熄灭的。

时时把握，时时用心

如果你能像看别人缺点一样，如此准确地发现自己的缺点，那么你的生命将会不平凡。——禅语

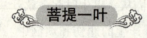
菩提一叶

很久以前，日本有位竹斋先生，不但是一位有地位的学者，而且是佛寺的大护法。他常和佛寺的住持禅师下棋。但他下棋有个毛病就是一下棋就忘了时间，往往通宵达旦。而小沙弥必须得在旁边奉茶，整晚也无法休息，所以小沙弥们都有点儿讨厌竹斋先生。

一天，听说竹斋先生又要来了，小沙弥们都很不悦。有位聪明的小沙弥灵机一动，立即写了一张告示"皮革之类，不能进入"贴在门口。不久，一向爱穿皮衣的竹斋先生来了，他看了只是笑一笑，仍大摇大摆地要走进去。

小沙弥就挡在门前说："竹斋先生，难道你没看到门外所张贴的告示吗？"

竹斋先生说："看到了。"

"那你为什么还要进来呢？"小沙弥不解地问。

竹斋先生自以为聪明地指着大鼓说："大鼓不也是皮制的吗？它可以放在大殿，我为什么不能去？"

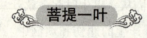

120

觉悟

JUEWU

小沙弥说："没错，正因为不能进来而它进来了，所以每天都要受到惩罚——早晚都要被大棰棰打。你如果要进来，也一样要受罚！"说完，小沙弥就拿起一根木棰，摆出架势要惩罚他。

竹斋先生只好说："好，好，我认输了！"赶紧转身离去。回到家里，愈想愈不甘心。他想了一个计策，便托人去请佛寺的住持禅师前来应供，也顺便请聪明的小沙弥一起来。

师徒俩要到竹斋先生家得经过一座桥，他们看到桥上有一张告示写着"禁止从桥的两边通行"，禅师就止步了，小沙弥看了看，对师父说："师父，没关系，可以过桥的。这是竹斋先生的恶作剧，来！我们从中间走。"

到了竹斋先生的家，竹斋先生说："你们怎么过来了？难道没有看到桥上的告示吗？"小沙弥说："我们并没有从桥的'两边'走，是走桥'中央'过来的！"竹斋先生无奈地说："我又输给你了。"

小沙弥的机智斗赢了大名鼎鼎的学者，这消息已是众所周知，连将军府都知道有位聪明绝顶的小沙弥，大将军还特地派人传他前来将军府。

禅师带着小沙弥到了富丽堂皇的将军府，府内有很多武士，排场气势很大。他们一进去，将军就问："你就是凭机智斗赢竹斋先生的小沙弥吗？我今天出个考题，答对有奖，否则会受罚哦！"

大将军指着墙上的一幅画，说："墙壁上那只老虎很讨厌，常常偷跑出去，我想请你帮忙把这只老虎绑起来。"小沙弥看到画中的老虎，似乎真有一跃而出的威势，就说："好！请您给我一条绳子。"他拿着绳子走到壁画前，摆起架势，喊道："老虎！你看来是很威猛，有胆量就出来，我要将你绑起来，这是将军的命令！"

小沙弥喊了半天，画中的老虎当然没有动静；他回过头对将军说："将军，这只老虎实在很讨厌，叫半天它也不出来。拜托您派一位武士把它赶出来，我一定会把它绑起来。"将军十分佩服并赞叹地说："你虽然小小年纪，但机智过人，确实很聪明。"

生活即积累的过程，有人说：掌握一门技术太难了，要学的东西太多

了，没法学；有人说，处理人际关系太繁琐了，我天天小心，还得罪了人……其实，这些都是他们"心"用错了地方。俗话说，世上无难事，只怕有心人。只要你有心，积少成多，集腋成裘，那么时时处处皆可积累。

故事中的小沙弥从小就如此灵巧，时刻保持天真、清净的本性；在生活中不离禅的境界，在禅境中亦不离生活，这就是他的清净心和超人的智慧。

我们在日常生活中，所遇到的各种事物，就是磨炼智慧的机会，所以要时时把握、时时用心！

我们对生活和现实有太多的不理解，总是觉得要达到觉悟的境界很难，因此，我们在表述事物、对待成功、考虑问题、面对困难和挫折……在这些问题上纠缠不清，不懂得时时用心，自然不会悟到真谛。

来看一些现实中的例子：

一、有两个观光团到日本伊豆半岛旅游，路况很坏，到处都是坑洞。其中一位导游连声道歉，说路面简直像麻子一样。而另一个导游却诗意盎然地对游客说："诸位先生女士，我们现在走的这条道路，正是赫赫有名的伊豆迷人酒窝大道。"

虽是同样的情况，然而不同的意念，就会产生不同的态度。思想是何等奇妙的事，如何去想，决定权在你。

二、一把坚实的大锁挂在大门上，一根铁杆费了九牛二虎之力，还是无法将它撬开。钥匙来了，它瘦小的身子钻进锁孔，只轻轻一转，大锁就"啪"地一声打开了。

铁杆奇怪地问："为什么我费了那么大力气也打不开，而你却轻而易举地就把它打开了呢？"

钥匙说："因为我最了解它的心。"

其实，每个人的心，都像上了锁的大门，任你再粗的铁棒也撬不开。唯有关怀，才能把自己变成一只细腻的钥匙，进入别人的心中，了解别人。

三、妻子正在厨房炒菜。丈夫在她旁边一直唠叨不停："慢点儿，小心啊！火太大了。赶快把鱼翻过来。快铲起来，油放太多了！把豆腐整平一下！"

"哎，"妻子脱口而出，"我懂得怎样炒菜。"

"你当然懂，太太，"，丈夫平静地答道："我只是要让你知道，我在开车时，你在旁边喋喋不休，我的感觉如何。"

我们学会体谅他人并不困难，只要你愿意认真地站在对方的角度和立场看问题。

因此，只要你时时把握、时时用心，仔细观察，生活的智慧处处存在：环保可以时时存在，节约在于行动，而不在于口号；节约行动不仅在于宏观控制，更在于细节的把握。节约从点滴做起，节约要从每时每刻做起；父母教育孩子可以时时用心。虽然很多家庭都是双职工，教育孩子需要额外的时间，但更多的是父母"用心"了。父母要记住，当你和孩子在一起时，你的一举一动，都是在对孩子进行教育。所以，不仅要主动地随时随地地教育孩子，也要留神无意中自己的品行对孩子造成不良的影响；上海的一个出租车司机多年研悟出来的计算成本法和选择乘客法，让李开复选择他给微软的员工上了一堂如何开车的 MBA 课程……

其实，真正的追求从来不是刻意追求，只是时时事事处处用心而已！唯有时时用心，你才会见解独到，唯有时时把握，你才能乐享人生。

 禅言慧语

我们的人生就像一座矿山，等着我们去发掘。生活中几乎所有的问题后面都是机会，就看我们能不能时时把握了。

我们只要懂得从平常中看到不平凡，从小中见大，时时用心才能觉悟，就比如坚硬的石头后面不就是价值连城的矿产吗？要挖出来需要眼力、勇气和把握力。

四 命由己造，相由心生：点亮心灯

把握你的"乐观系数"

多讲点笑话，以幽默的态度处事，这样子日子会好过一点。——禅语

菩提一叶

龙潭崇信禅师未出家前在道悟禅师的寺院旁边摆了一个小摊，靠卖饼为生，无论是风雨还是下雪，崇信禅师都要每天出摊。

道悟禅师见他生活十分艰苦，就把寺中的一间小屋让出来给他住。崇信为了表示自己对道悟禅师的感谢，就每天送十个饼给禅师。每当崇信把十个饼送给禅师的时候，禅师总是非常高兴地收下，然后等崇信回去的时候又从十个饼中取出一个还给崇信。这样的情况一直持续了两年。

后来，崇信终于忍不住地问道悟禅师："我既然真心的把饼送给了你，为什么还要每天还给我一个呢？"

禅师回答说："你能每天送我十个饼，为什么我不能每天送你一个饼呢？我这也是在感谢你呀！"

崇信心中顿时大悟。

在心理学上，有一个专业术语叫作"乐观系数决策法"，这种决策法又称贺威兹决策准则、折中原则。它是介于乐观决策法和悲观决策法之间的一种决策方法，这种方法既不像乐观决策方法那样在所有的方案中选择效益最大的方案，也不像悲观决策法那样，从每一方案的最坏处着眼进行决策，而是在极端乐观和极端悲观之间，通过乐观系数确定一个适当的值作为决策依据。

专家还研究发现，这种系数的力量占实际现象的百分之二十，这也就是说，如果一个人有乐观的心，他比平常会多百分之二十的几率遇到开心

的事，反之如果一个人心情"郁闷"，也会比平常人多百分之二十的几率遇到痛苦的事。既然如此，我们为何不能用一颗欢喜的心来对待生活呢？

如今，随着生活水平的提高，物质文明越来越发达，人们的竞争也日趋激烈，生活节奏也越来越快，而由此给人们带来的压力也越来越大，令许多的人郁郁寡欢，甚至愁眉不展。而一个不容忽视的问题就是精神文明的缺失，具体就是很多人心理并不健康，当物质文明跑得很快，而精神层次上的追求来不及或者没有时间照顾的话，我们的心就会很累，自然也会影响生活的质量。

其实，不管怎么样的生活，我们都无法回避，就必须去面对它、解决它，关键在于我们以什么样的心态来对待自己的生活。

要想最大限度的抓住"乐观系数"，首先不能太执著，对自己的习性要学会放下。俗话说"无鱼，虾也好"，"这溪无鱼，别溪钓"。一个人如果老是放不下，一脚在门槛里，一脚在门槛外，或者抓着一只鸟捏紧怕它死了，松了又怕它飞走，那么日子就会很难过，就会像"裁缝师傅穿着破衣服，木匠师傅没有板凳坐"那样悲哀。

有一个穷人，他到朋友家拜访，朋友家很有钱，在招待穷人吃喝完毕之后，又趁他休息时在他的衣服里面缝进去很多珠宝送给他，但是穷人一觉醒来后就走了，没有向朋友告别，因此也并不知道衣服里面有很多珠宝。穷人继续过着穷困的日子，依然像个乞丐样到处流浪。直到有一天，他在街上又遇到他的朋友，朋友告诉他在他的衣服里面缝有很多珠宝，穷人才恍然大悟。

那些放不下的人，也是明明很富有，却过着像乞丐样的生活，这就像佛经故事里那个不知道自己衣服里面装有很多珠宝的穷人一样。

抓住"乐观系数"，其次要常有感恩的心，常常把自己的快乐幸福与别人一起分享，就像过去禅宗的祖师大德们所说的"互相分食，就会有剩余，互相抢食，就会吃不够"。"不要想所有的钱都个人赚，大家都有钱赚，才不会穷"。"吃人一斤，还人四两，滴水之恩，涌泉相报。"

在生命的过程中遇到不如意的事是很正常的，但是我们要时常想到

命由己造，相由心生：点亮心灯

"乐观系数决策法"，否则就让悲观占据了你的心房。

抓住"乐观系数"，还要给别人留有余地。很多人做事很绝，往往在用得着别人的时候，好言相对。等他们觉得别人没有利用的价值了，就一脚踢开。这样做，往往让自己没有了立锥之地。我们做人要学习吃亏、包容，常以慈悲布施之心待人，对于所拥有的一切，能知足、感恩，常想"我能给别人什么"，自然就能胸怀大众，心中常乐。

我们每个人的身上也难免存在这样或那样的缺点，但这并不可怕，因为在这个世界上，真正完美的人是不存在的。但是，有了缺点而百般掩饰却是可怕的。百般掩饰自己的缺点，无疑是让蛀虫在自己身上蛀洞，最终只能毁了自己。没有一个人会一生都如意美满，重要的是不要使那不如意成为我们生命中的主导，而应该让其成为我们生命中的动力，以坎坷来增长我们的智慧，常养我们的慈悲心，如此，我们就能获得生命真正快乐的源泉了。

禅言慧语

在比较、攀缘中，我们迷失了自家宝藏，追逐名利、财富、权势、色欲，形成了极不和谐的现象：物质在进步，素质在下滑；欲望在膨胀，精神在萎缩。我们追求的不是幸福，而是比别人幸福，这就是痛苦的根源。所以，认识自家宝藏，打开快乐之门，就是我们的当务之急。

当你的心中装满了阴霾，你的世界也就会随之变得忧郁起来，处处变得暗淡无光；如果你摒弃怯懦，使自己内心充满光亮，那么，你脚下的路也会渐渐地明亮起来。那些乐观系数高的人，能坦然地面对纷繁的世事，能够宠辱不惊地正视自己生存时空的尴尬与不幸，他们因心平气和、内心富有而时时面带微笑。乐观是心灵的盛宴，是生命的乐土，其中饱含着人生的大智慧、大彻悟。乐观的人生，才是人活着的至高追求。

扩展你的心量

菩提一叶

古时候，一位老和尚有个老是爱抱怨的弟子，老和尚决定要开导他一番。有一天，老和尚派这个弟子去集市买一袋盐。弟子回来后，老和尚吩咐他抓一把盐放入一杯水中，待盐溶化后，喝上一大口。

等弟子喝完后，老和尚问："味道如何？"

弟子皱着眉头答道："咸得发苦。"

随后，老和尚又带着弟子来到湖边。吩咐他把剩下的盐撒进湖里，然后说道："再捧点儿湖水尝尝吧。"弟子弯腰捧起湖水尝了尝。

老和尚问道："这回是什么味道呢？"

"纯净甜美。"弟子答道。"尝到咸味了吗？"老和尚又问。"没有。"弟子答道。

老和尚点了点头，微笑着对弟子说道："生命中的痛苦是盐，它的咸淡取决于盛它的容器。"

故事虽然看起来简单，但它的寓意很深。这个总爱抱怨的弟子，在老师的教导下，明白了一个真理，同样是一包盐，当溶于一杯水的时候，尝一口咸得十分难受。可是当其溶于一湖水的时候，却丝毫感不到咸的滋味。那么，对比人生，我们可以得出一个有关人生的道理，生活中固然有不少烦恼与痛苦，只要善于扩展心胸，把以前认为特别严重的事情看淡，把过去无法放下的困扰逐渐解脱，我们的心境便会出现奇妙的改变。当心

量拓展到了相当宽广的时候，我们就会摆脱烦恼、忧愁的生命状态，转变为幸福、喜乐的无悔人生。

能统领百万大军的人，没有什么伟大；一个人能超越自己，才是世界上最伟大的人。其实，身为一个人，重要的不是要拥有外在的多少财富，而是要拥有心灵的智慧，以及宁静的生活。世间人不能回光返照，每天向外追求，离开了觉悟的内在，迷惑于外在的境界。从早到晚，朝朝暮暮，随境迁流，背道而驰，摸不着自己的脸孔，见不到自己的本来面目，这种人生是可怜的。

我们应该要知道身体是痛苦的根本，老子说："吾有大患，为吾有身。"只因为有我这身体，所以说："身为苦本，心为罪源。"身体是痛苦的根本，而妄心是罪恶之根源。你有这身体就很麻烦了：耳痛、牙痛、胃痛、风湿、腰酸、背痛、眼睛不好，真是多得数不清。

心有没有经过锻炼是很重要的。一个人要过得很开心，第一个非常重要的态度就是，你要不断有超越的心，不断地超越你原来的自我。当然心打开以后每一天的生活还是会面临同样的问题，所以欢喜心过生活的第二个方法就是承担的心，承担的心就是活在眼前的心。人生有一半的生命是负面的情绪，什么样的人可以活得更开心呢？就是不断把负面的情绪转化成正面的情绪，悲伤痛苦要很快地结束它或者减短它，增长你快乐、幸福的那一面。和合就是融入，首先是跟人相处，好的人际关系对你的人生很重要。人生跟这个世界其实是共通的。如果你懂得观察这个世界，认识这个世界，跟这个世界合一，那你就会变成一个开阔的、有智慧的人。

我还记起一句经常听到的话："放弃是获得的前提。"是的，我们放弃了一个市场，我们经过努力又在另外一个市场开始扎根；我们放弃了敌对，我们获得了朋友；我们放弃了旧习惯，我们获得了新生。心有多大，我们的未来就有多宽，这句不是口号，是实在能让我们获益的至理名言。

有这样一个故事：每当有人问某位禅师他的情况时，他总是答道："我很好。"后来他的一位学生终于问道："老师，你怎么可能永远都好呢？难道你每一天都觉得很好吗？"禅师答道："当然某些日子我也活得并不好。不过，无论是好日子或坏日子，我都能接受。"这就是所谓的平等心了。传统上，平等心总是以欢迎所有人参加的一场盛宴来象征。这意味着，每一样事物、每一个人都列在受邀的名单上。

这样，我们又说，把心量放大，他重要吗？不重要；他不重要吗？重要。但究竟把他摆放到什么位置，有个度的问题。不要完全不放在心上，毕竟有尊重的意思；也不能全然放在心上，也有尊重我自己的意思。放开对方，实际也是在放开我自己。不要对他生气，从事理的角度，看待、解决问题。放自己一马，也放对方一马。

我们都可以诚实地面对一下自己，是不是爱自己要胜过我们的父母、姐妹、兄弟、情人、好朋友、好同事，对于不甚相干的陌生人更不用说了。就因为我们这样自私地多爱自己的私心与执著，我们才不能平等地去对待世间所有的人和物，乃至于我们最重要的亲人。爱别人，尊重别人，接纳别人，包容异己，是建设生命喜乐、美化人生不可或缺的药石。

记住一个人的坏，那是拿别人的过错来惩罚自己，让自己生活得不快乐，那样只能让自己整天生活在不快乐之中；记住他人的好，让感恩时时装在心里，你就能成为这个世界上最幸福的人。

我们训练自己扩大心量，应该尽己所能地敞开心胸面对自己、面对朋友，甚至面对那些我们所不喜欢的人。

因此，我们一定要用智慧，随时去观照自己的心念，是不是对自身起执著？是不是固执己见？如此慢慢摆脱对自己身心错误的妄执和贪恋，超越自我的身心。

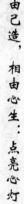

四

命由己造，相由心生：点亮心灯

禅言慧语

多原谅人，多得福；心量放大，福就大。唯有放大心量，不断反观自心，从心灵深处真正消除人和我的分别念，才能使我们的心境获得增长，才能使我们真正体会到快乐和幸福！

借人慧眼不如安己慧心

一个人如果不能从内心去感悟世界，那他就永远不会心安理得。

——禅语

菩提一叶

一次，云岩禅师正在编织草鞋，洞山禅师从他身边经过，一见面就说道："老师！我可以跟您要一样东西吗？"

云岩禅师回答道："你不妨说说看！"

洞山毫不客气地说道："我想要你的眼珠。"

云岩禅师很平静地说："要眼珠？那你自己的眼珠呢？"

洞山道："我没有眼珠！"

云岩禅师淡淡一笑，说："要是你有眼珠，如何安置？"

洞山无言以对。

云岩禅师此时才非常严肃地说道："我想你要的眼珠，应该不是我的眼珠，而是你自己的眼珠吧？"

洞山禅师又改变口气道："事实上我要的不是眼珠。"

云岩禅师终于忍不住这种前后矛盾的说法，便对洞山禅师大喝一声道："你给我出去！"

洞山禅师并不讶异，仍非常诚恳地说道："出去可以，只是我没有眼珠，看不清前途的道路。"

云岩禅师用手摸一摸自己的心，说道："这不早就给你了吗？还说什么看不到！"

洞山禅师终于省悟。

130

觉悟

J U E W U

我们的肉眼，可以观看世间万象青红赤白，但是这种看到的只是表面的、生灭的、现象的，而心眼才能观察宇宙万物的本体、实质。这种观察是普遍的，内外如一的，难怪洞山虽有肉眼，仍看不清前途。当云岩告诉他心眼的妙用，洞山就有所省悟了。

云岩禅师说的"心眼"也就是说肉眼是观察世界的，心眼则是思考己心的。洞山禅师向云岩禅师要眼珠，是想借来一双慧眼，引导自己早日悟道。但云岩禅师只能告诉他人人都有一双"心眼"，为什么不用"心眼"分析世界，向别人要"肉眼"呢？人虽然是万物的灵长，没有逃脱是一种社会性的动物。我们在遇到困难的时候，总是先想到求于别人，很少有人会反观自己有无计策。

其实，与其去借别人的慧眼倒不如呵护自己的一颗慧心。慧心能让我们每一个人都有自己的智慧，只需要去挖掘、去发挥。如果能打破思维方式的旧世界，突破观念的一切条条框框，那人的智慧力量将是惊人的。

比如，苹果落地，可能无数人都见过，但为什么只有牛顿能从这个见怪不怪的现象中发现一个伟大的科学定律呢？老中医给人治病，不是一味地依靠药物的力量，而是通过调整人自身的抵抗能力来使患者康复；博学的老师也不是很重视教学生学知识，而是教学生学会学习的方法，毕竟，授人以鱼不如教人以渔。他们有共同点，一般人用"肉眼"看待这一现象，而智慧的人用的是"心眼"在求索。

我们常说"他山之石，可以攻玉"。其实，这句话有两层意思。第一层是学习借鉴他人的优点长处，来提高自己对世界的领悟。这个层面大家都很容易看到做到。还有一个层面，就是首先肯定自己有玉一般美好的本质，肯定自己独一无二的价值。这个层面是前一层面存在的基础和依据，本来是更为重要更为根本的，但却往往被我们所忽视。

当今社会，正处在一个变革的时期，经济的发展，职场的竞争，每个人都面临着诸多的挑战，人们说的最多的一个字就是"累"，身体累，心更累：为生计奔忙，为享乐追逐，可真正的快乐在哪里呢？真正的幸福是

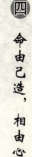

四　命由己造，相由心生：点亮心灯

什么呢？如果外部事物让你烦恼不安，那么请你注意，使你心情烦恼的并非事物，而是你对事物的看法，只要你愿意，你是很可以把它打发掉的。说到底，一切都是意见，一切事物都在于你怎样看待它。你以什么样的心态对待生活，你就会获得一种什么样的生活。

真正的智者应会及时清除自己心灵的污垢，不让它们玷污自己明亮的心窗；真正觉悟的慧者会舍弃感官的享受，使内心没有羁绊。人世沧桑，一辈子难免要遇到一些坎坷的事，也难免要遇到一些与自己不友好的人，乃至于要和损害过自己的人共事相处。对待这类人和事，人们大多有两种态度，一是仇恨在心，满腹怨恨，伺机报复。我们应把所际遇到的一切坎坷，一切不利于自己的人和事，都给予宽容，宽容能使世界平和，宽容能使人类安详。

因此，道路曲折坎坷并不是通向目标最大的障碍，一个人的心智才是成败的关键。只要心中的灯火不曾熄灭，即使道路再崎岖难行，那片光明也会孜孜引路。如果找到了心灵的方向，有一颗慧心时刻在指导着你前进，你就要牢牢守住，怎样都不要放弃。

世界上没有绝对正确的生活方式，也没有绝对错误的生活方式。我们在进行人生选择时，要诚实地对待自己的心灵，而不要受眼前的价值判断所左右，不管他是圣贤还是凡人。我们不能指望用别人的心灯来照亮，只能借别人的思想做火种，点亮自己的心灯。

灯受到外面的风吹就易摇动，发出的光明就不太清楚，我们做事就会受其影响。同样，我们内心如果看不清未来，为人处事也会迷惑而不清楚。因此，人要时时刻刻守护好内在的清净心，启发内在的自性光明，这样才能消除烦恼。

借人一双慧眼不如安己一颗慧心！一个精神，一个涵养，一个方法，使得我们入乎其内，出乎其外。

禅言慧语

人生面对着不断的选择，也要面对选择之后所出现的结果。禅心不是

"已做成"之物，而是不断在"选择"的过程中。同样是选择，有的人觉得快乐，有的人觉得痛苦，完全在于你自己心里的禅。每一个人都有禅心，完全在于自己的感悟。

一个人的外貌与他的内心思想密不可分。相由心生，外貌多数是内心思想的外在显现。一个人起嗔恨心，那他肯定面目可憎，叫人厌恶。若一个人起慈悲心、柔软心，他的外貌肯定和善，叫人心生欢喜。希望成为美丽的人，用美丽的心念来看待世间，你不但发现一切变得美丽，连自己的外在也会越来越讨人欢喜！

为自己扫出一片心地

同样的瓶子，你为什么要装毒药呢？同样的心理，你为什么要充满着烦恼呢？——禅语

菩提一叶

佛陀的弟子周利盘陀伽，生性愚钝，他背诵经文，连一句都记不住，于是就很自卑也很苦恼。

有一天，佛陀看到他掩面哭泣，就问他："周利盘陀伽，你为什么哭呢？"

他啜泣着说："因为哥哥教我一句经文，一个月都背不完整。他说有我这种笨弟弟，他觉得很难为情，他打我，还说要把我赶出僧团。"

佛陀对他说："孩子，你不要再伤心了，你记不牢经文，没有关系，我来教你。"

于是，佛陀拿着一把扫帚，为他示范扫地，教他每天扫地的时候，念着拂尘扫垢。周利盘陀伽每天勤快地扫地，刚开始记了拂尘就忘记扫垢，

念了扫垢就把拂尘忘了，总是念不全那四个字。虽然他是这么的笨拙，佛陀仍旧一遍一遍教他念着"拂尘扫垢"。

半年后，周利盘陀伽终于记得"拂尘扫垢"四个字。久而久之，他的心因为专注于扫地，慢慢地引发了定慧之力，从心外的尘垢警醒到心内的污浊。

一年后，周利盘陀伽为自己扫出一片光明的心地，明白"拂尘扫垢"的甚深法义。一把扫帚，使一个愚笨拙劣的人变得聪明敏捷。僧团里的大众也从他身上领会到，不只是一把扫帚可以使人开悟，只要不轻视自己，贯注身心开悟的机会，人人有份。

科学家一项调查研究发现，超过六成的男人和七成的女人对自己不满意，总觉得自己比别人差。我们在现实生活中之所以会遭遇苦难伤痛，正是因为无法认清心的本相，无法恒久地保持适宜的温度与平和清净的状态。

煮饭、劈柴、挑水……这些都能让人顿悟，这说明了什么呢？世上只有低贱的人，而没有低贱的工作。人的价值在于他本身，而不在于他从事的工作。无论什么工作，都能把一个人的心态、个性、气质、修养、才能透露无遗。是金子还是石块，都能通过工作体现出来。只要你展示出让人珍视的价值，自然会受到珍视。

一把扫帚、一本佛经、一条经验，到底孰轻孰重？到底谁能让人顿悟呢？有这么一个笑话，一天，眼睛和鼻子、嘴巴等器官在争论。眼睛说，我最有用，我能看到各种颜色。鼻子很不服气，说，这身体要通过我才能呼吸啊！所以比眼睛有用。这时，嘴巴也不服气，说，那吃饭得靠我，我最有用。这会儿眉毛听了就说，我知道了，就属我最没用。我愿意到你们下面来。于是，眉毛跑到了嘴巴下面。可是，这张脸就不像个人了。怎么办啊？眉毛虽然没有用，还是得回归到眼睛上面，人才像个人啊！所以，无用就是大用。扫帚也不比佛经、经验差到哪儿。

一次，一休禅师在乡下时，有一天看到一群群的信徒都朝山上走去，原来山上的寺院在晒藏经。传说晒藏经的时候，如果风从经上吹拂而过，人触受到这种风，能够消除灾厄，增长智慧，因此闻风而来的人不断地涌向山上去。

一休禅师知道后说道："我也要晒藏经！"说完，一休就袒胸露肚地躺在草坪上晒太阳，很多要上山的信徒看到了很不以为然，实在太不雅观了。山上寺院的法师赶紧下山去，劝一休不要如此没有仪容。

一休非常认真地说："你们晒的藏经是'死'的，会生虫，也不能活动；可我晒的藏经是'活'的，会说法，会吃饭，有智慧者应该知道哪一种藏经才珍贵！"

一休晒藏经，这看起来是一种玩世不恭的作风，但却有它至理的地方。在一休眼里，宇宙真理，无非要从自心中显露，修行最怕舍本逐末。

当今世界，生产力发展，经济繁荣，以及高科技的突飞猛进，人们的物质生活得到了空前提高，而所有这些，并未让世人远离烦恼，反之使他们面临更大的困惑与挑战，就业的竞争与生存的压力，让越来越多的人感到浮躁、不安、失落、恐慌、嫉妒、不平等心态，严重困扰着人类，残酷的现实与竞争，使人们争先恐后地拒绝一切、排斥一切，同时又希望拥有一切；人们脆弱的心灵多么需要一个宁静的栖所，让疲惫之心得到短暂的休息。

其实，无论是位极人臣的权贵，还是在底层过活的街头流浪者，都有人生多痛苦的叹息；无论是家财过亿的富豪，还是一贫如洗的乞丐，都有人生多烦恼的感慨。人生烦恼多，是因为妄想多，但是如果拥有了一颗安详、宁静的心，就能拥有快乐的人生。

这也告诉我们，喜乐我们应该看透，苦难也应该学会承受。困境并不是绝境，勇敢面对才有办法可想，逃避也躲不过。石岩里的小花，突破困境，所以摇曳风姿；湍流中的小鱼，逆流而上，展现活泼生机。我们更应阔大心胸，突破自己，不被困境的框架束缚，健全茁壮，不因现实的冰冻、人生的灼燥、生活的起伏，而迷失自我的温暖与平和清净。

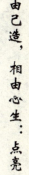

四　命由己造，相由心生：点亮心灯

人生在世，时时刻刻像处于荆棘丛林之中一样，暗藏的危险和诱惑此起彼伏。只有不动妄心，不存妄想，心如止水，才能使自己的行动无偏颇，从而有效地规避风险，抵制诱惑，否则就会痛苦缠身。

正如一枚硬币的两面，乐观的人看到希望，悲观的人看到绝望。而事情向着哪个方向进展，也取决于你的心态和做法。人在迷惑不知所措的时候，常会把难以解决的事情和自己不够智慧联系到一起。其实，你有多大的智慧并不重要，重要的是你怎么看待这件事。记住这句话——为自己扫出一片心地。

心量决定能量

有了无量心，我们就会珍惜所有的生命。——禅语

菩提一叶

有一对师徒外出，师父走在前面，徒弟背着行李跟在后头。

徒弟对师父说："这次出去，我一定要勤修苦练，将来救苦救难！"

师父听后，很有感触，自愧不如：惭愧！惭愧！我都没有这种广度众生的心。

于是师父就说："徒弟，你把包袱拿来吧，让我来帮忙背。"

徒弟心想，师父今天怎么这么客气呢："师父，不必了，我来背就好！"

"还是给我吧。"师父拿过了包袱，又再跟徒弟讲："徒弟，你在前面走，我在后面跟。"

徒弟心中真是疑惑极了。

走着走着，忽然看到前面有一条大河，因为有洪水，许多鱼被甩到了岸上，有的在挣扎，有的干死了。徒弟又说："哎哟！鱼这么多，我怎么能广度众生呢？度不了的，算了！我将来还是先自救好了。"

师父听后马上大喝一声："站住！包袱拿去背，在后面走。"

有这么一句话："心量有多大，成就就有多大。"做人要有如天空一样高远的志向，如大地一般广袤的胸怀，无条件地承载所有的冰雹和甘露。心量，包括一个人的雅量、容量与气量。修养气度的方法，在于戒除忌妒、怨恨之心，对人能容忍、宽恕，自能心量涵广，不计得失。

故事中师父徒弟尊敬三分，可见一个人有心量的作用。做领导要有心量，要学会虚心容人，有包容力，能有心量包容各种类型的下属；做普通员工也要有心量，包容欣赏自己的人、挑自己刺的人、对自己冷嘲热讽的人，如此等等。这种心量，不仅是德行，有时候还是一种成就事业、成功人生的智慧；日常生活中也要做一个有心量的人，我们训练自己扩大心量，尽己所能地敞开心胸面对自己、面对朋友，甚至面对那些我们所不喜欢的人。

《尚书》中说："一个人有包容的雅量，他的德行就伟大。"一个人只有容人之所不能容，忍人之所不能忍，恕人之所不能恕，忘人之所不能忘，才能理人之所不能理，为人之所不能为，成人之所不能成，达人之所不能达。

清朝大臣曾国藩说过："盛世建功立业的英雄，以襟怀豁达为第一义；乱世扶危救难的英雄，以劳心劳力为第一义。"不襟怀豁达难以成就大事，没有心力劳苦难以建立功绩。能容得下几个小人，耐得住几桩逆事，虽然觉得心里憋屈，可过后会感到心胸开阔；有如咀嚼橄榄，虽然当时觉得酸涩，在回味时则满口清凉。

范仲淹曾经在宋代担任过副宰相，他曾说："我一生所学惟'忠恕'二字，但受用无穷，以至于在朝廷之中辅佐君主，招待幕僚、朋友、亲

戚、家人等从不曾有一刻离开过这两个字。"范仲淹曾经告诫他的子弟们说："人哪怕十分愚笨，指责别人时就会变得十分聪明；哪怕十分聪明，宽容自己时就会变得十分糊涂。你们只要常常用责备别人的思想来责备自己，用宽恕自己的心意来宽恕别人，不怕不可以成为圣贤的人。"以容养量，以忍养气，以恕养性，以忘养心，这样做很少有不能达到宽容的境界的。

　　凡成就大业者，都具有宏大的心量。而心量恰恰是证明一个人能否实现理想和愿望的基本条件。心想得到不一定全部做得到；但是心想不到一定做不到！那么，你的人生目标设计好了吗？你准备用多少年来完成你的人生目标？在这个过程中，你需要付出什么样的努力？你承诺为了达到目的去承受什么样的压力？……"有多大的使命，就有多大的磨难"，我们把最坏的磨难都设想到了的时候，你会发现心里很坦然了，也很轻松了。很多时候，我们就是放不下，执著、牵缠，还是个"小我"放不下啊。

　　心量不宽无以立道！因此，我们平时举心动念，心灵交易的一个重要理念就是常说的"心有多大，世界就有多大"，试着让自己心怀天下吧！

禅言慧语

　　在心量和能量之间，心量是基础。你有这么大的心量，才会努力去积累与之相当的能量。如果心量不大，即使有机会积累能量，也不会放在心上。心量细窄的人，处处与人计较，不但烦恼多，也走不出自己的世界，当然无法成就大器；相反的，宽厚待人者，他包容天地，包容一切众生，视野、气度自然也就宽广起来了。我们人就像是一个容器，你的容器有多大，能容多少水，将决定你能做多少事情，成就多大的事业。

五

扫相破执，明心见性：遵循本性

▌ 浮生如梦，为欢几何

　　禅的智慧，就是要我们关注我们的心灵，善待我们的心灵，停下匆遽的脚步，聆听真实生命的声音，从而使生命多一份从容与淡定。然而不幸的是，我们很多人一辈子都在追逐、应对衣食、名利，而偏偏忽略了心灵。心灵恰恰是我们生命中最宝贵的本心本性。烦恼随心而生，善随心而起，罪也随心而起。心是人们的人生中最难以突破的局限，很多人因为莫名的烦恼而耽误了大事，因莫名的愧疚让自己的生活处于悔恨之中。而禅，让人们超脱于心之外，随性生活。

你为什么而活着

菩提一叶

禅师问："你们想要快乐，首先请你们告诉我，你们为什么而活着？"

张说："死亡太可怕了，我害怕死亡，所以要活着。"

王说："我要出人头地，将来可以光宗耀祖、福荫子孙。"

李说："我可没那么高的奢望。我必须活着挣钱，否则一家人就无法生存了。"

禅师笑着说："怪不得你们活得不快乐，你们想到了死亡、功名、被迫劳动，而不是爱心、责任和信仰。为什么很多人有了权位却不安，有了名誉却终日烦恼，有了金钱却感到恐慌呢？"

三人无言以对。

禅师说："爱心、责任和信仰并不是空洞的说教，而是体现在每个人每一天的生活中。权位要服务于大众，才心安；名誉要问心无愧，才快乐；爱心要奉献给需要的人，才有意义；金钱，也只有当它造福于世的时候，才有价值。我想，如果你们做到了其中的一件，就可以感到快乐了。"

三人听了禅师的一番话，欣然领受，惭愧而出。

现实中，有很多人过得很不快乐，他们当中有些追逐金钱、有些追求权力，还有一些人单纯是为了活着而活着……那么，你问过自己为什么活着吗？

生活中，我们的确每天都被各种琐事所累，根本没有时间去想一想自己到底为什么活着，但这又的确是一个很重要的问题。这其实不仅仅是哲

五 扫相破执，明心见性：遵循本性

学家或宗教徒才应该想的事，而是每个人都无法回避的。因为这关系到我们是否能够感受到真实的快乐和幸福。

当你听到夜班的煤矿工人上井后呼吸一口新鲜空气，享受一缕温暖阳光说出的"活着真好"时；当你看到被埋在废墟下100多小时后的幸存者抖动的手指时；当你看到图片上非洲儿童期待的眼睛时，你想到活着是为了什么吗？

活着为了什么？毕竟现实太过残酷，生活太过艰辛！现实社会激烈的竞争，为了就业、为了生存让我们不得不为了生计而劳累奔波于外；多少人在这弱肉强食的自然规律面前，备受困苦的侵扰，尝不尽的辛酸。由于社会压力加重，而使人们产生种种心理危机。人们常说，科学求真，艺术求美，宗教道德求善。只有我们视野开阔了，心理平衡了，有了一颗自在的心，就能应对很多问题，人生也就更自在，更快乐一点了。

142

觉悟

JUEWU

白居易的一首诗中这样写道："为当梦是浮生事？为复浮生是梦中？"人生如梦。在我们的生活中每天都有勾心斗角、尔虞我诈，令人好不疲惫。唯有远离是非、自我洒脱才能脱离苦海。对于悟者而言，梦就是生活的镜子，告诉你所执著的东西都是虚空，世上的一切不能永远挂在你的心头，能在心中常驻的唯有心识、佛性而已。人生当真是："来时无迹又无踪，去与来时事一同。何须更问浮生事，只此浮生是梦中！"

疲于欲中的人们忙忙碌碌，劳费精神，若有一点不顺，就会心神不宁，思虑重重。但人生之意义并不尽在于此。追寻一辈子的东西，到死那一天也不会陪伴你去另一个世界。人生苦短，何不潇潇洒洒、快快乐乐地度过。

古语说道："流水下山非有意，片云归洞本无心。人生应得如云水，铁树开花遍界春。"人都应遵循自己的本性，如云水一样自然，去掉非分之念，忘却世俗之扰，顺应自己的心性，那人生就再也不会有悲伤、嫉妒、苦恼、不平，更多的是和谐与美好。

生活，我们既要好好把握，又不要过分地执著，贵在用大智慧看破欲望带来的苦恼，也贵在不被"相"所羁绊。让自己的心契入天地至理，顺应自然，笑傲人生，这样的人生才是快乐的。正所谓"万事无如退步人，孤云野鹤自由身。松风十里时来往，笑揖峰头月一轮"。

今天，我们依然还面临着"生存挫折"问题。弗洛姆在《信条》里这样说，很多人的不幸命运就在于不能做出选择。他们既不是活着的，又没有死去。生命却成了一种负担，一项无目的的事业，忙忙碌碌成了保护我们不受阴暗潮湿所折磨的手段。其实，这样的人生想想很可悲。生命的无意义感和空虚感捏合而成的生存空虚，是现代人们看不清或看不到生命意义的原因所在。

人生是一本账，需要时刻面对许多无情的价值题目，而且其结果往往左右人的一生。这样的题，在每个人身上、甚至在每一个时刻，都有可能遇到。那些一心想发横财的人，到头来发现不仅没发什么财，相反却因此失去了生命里最宝贵的东西——健康和快乐，这就是探求人生价值的未知时发生了偏差。钱乃身外之物，为毫无把握的身外之财迷失自我，岂不弄得物质和精神双输？

143

扫相破执，明心见性：遵循本性

其实，无论处境多么悲惨，每个人都有责任为自己的生命找出一个意义来。这意义不是一般的生命的意义，而是存在某一时刻的特定的生命的意义："一个人不能去寻找抽象的生命的意义，每个人都有他自己的特殊的天职或使命，而此使命是需要具体地去实现的。他的生命无法重复，也不可取代。所以每一个人都是独特的，也只有他具有独特的机遇去完成其独特的天赋使命。"所以说生命的意义，就在于我们对生活的憧憬，对未来的追求，对爱心、责任、金钱的合理运用。如果没有了这个理想的支撑，那我们就会觉得活得空虚，毫无意义。

解释为什么活着这个命题，只须判断你是否有不断的获得新生和不断觉悟的过程。权力、名誉、爱心、金钱，这不是我们活着的意义，而我们如何使用它们才是活着的意义，否则，这些东西会成为我们的安眠药，让我们沉睡不醒。

要记住，生活不是一种负担，无论成败得失，无论悲喜哀乐，无论精彩平淡，无论贫富骄奢，只有挚爱生活才能享受其中乐趣，我们拥有的是

人生价值过程的精彩。爱生活，生活就会快快乐乐。

禅师的话，也许不是每个人都可以轻易做到的，但却应该将其作为一种原则，贯穿在生活中。这样，每前进一步，就离理想的目标接近一点儿，真正的快乐也就多了一点儿。

一个人的生命长短并不是最重要的，重要的是我们怎样度过这些开心的日子；我们的生命也不是为了在费尽心思的刮骨索取、争名夺利的紧张压力中度过。爱心、责任、服务才是活着的本源。

其实，绝大多数人并非真的没有条件享受快乐，而是自找烦恼。也并不是没有饭吃，而是杂念纷呈，吃得没滋没味。更不是没有睡觉时间，而是心神不宁，睡不着觉。如果把杂念抛开，该吃饭时好好吃，该睡觉时好好睡，不是能享受到吃饭睡觉之乐吗？我们要在生活中运用智慧学会解脱自己，这样我们才能打开心结，启迪智慧，生活得更有意义。

惜苦才能幸福

人生的确很苦，但大智慧的人化苦为乐。——禅语

赵州从谂禅师道行高洁，有"古佛"之称。他以深湛的智慧，诙谐幽默的语言，引导了一代学人，走向真正的自我。赵州禅师活了一百二十岁，被唐昭宗敕谥为"真际大师"。

一次，弟子问赵州从谂禅师："佛陀有苦恼吗？"

赵州禅师毫不犹豫地回答："当然有！"

弟子不解："怎么会呢？您常说，佛陀是解脱的人，他怎么会有苦恼呢？"

赵州禅师说："那是因为你还没有得度。"

弟子若有所悟，继而他又问："假如我修行得度了以后，佛陀有苦恼吗？"

赵州禅师还是干脆地回答："有！"

这下，弟子更加迷惑了："我既已得度了，佛陀为什么还有苦恼呢？"

赵州禅师说："因为还有一切众生！"

弟子还是不开窍："一切众生，当然无法度尽，那么佛陀永远都在苦恼之中而无法超越了？"

赵州禅师耐心地解释："已经超越，已无苦恼。"

弟子最后问："众生既未度尽，佛陀为什么又不苦恼呢？"

赵州禅师回答："佛陀自性中的众生都已度尽。"

弟子终于有所悟。

五

扫相破执，明心见性：遵循本性

我们常常会听到有人这样说："苦海无边，回头是岸。"我们一生当中也会遇到很多的苦。那么如何正确地面对、得当的处理这些苦，也是每个人的必修课。

禅宗的智慧是对人性和心性的深刻剖析，禅宗认为人生都是苦的，这就是禅宗大师经常提到的"八苦"，也就是所谓的生、老、病、死、爱别离、怨憎会、求不得和五阴炽盛。这八苦，我们不可能逃避，只不过有人自觉，有人不自觉。

对于我们每个人来说，我们都要受到至少两种苦：一、身体的苦：这里指的是生理方面的苦。形为心役，这样日复一日、年复一年的忙碌让我们饱受风霜，每天风里来、雨里去。甚至连星期天和节假日都要忙个不停，这算是苦吧！二、内心的苦：很多人劳心甚于劳力。干点儿体力活儿也就罢了，可现实中很多人劳心的消耗比劳力者丝毫不少。为了职称、薪水、房子、车子、恋爱……这些苦每天寝食难安、如坐针毡。每天思考着自己如何才能进一步发展，揣测老板的心思，又对下属或者同事的虎视眈眈而担惊受怕，难免会心力交瘁。这也是苦吧！

举个例子来佐证：比如大家很多人都愿意有很多钱。有钱了你高兴不高兴呢？有人说："我就喜欢发财，发了财就乐。"其实未必，在你没有发财之前，为了求财要受很多苦，譬如要算计、营谋、还要劳心劳神、披星戴月……这种种的苦恼可以说是求财之苦，属于第一个阶段。

然后就是第二个阶段。你得到财只不过是一刹那，接下来守财又有苦了："怎样保值啊？给人家偷去怎么办？给人家抢去怎么办？给人家骗去怎么办？"你肯定经常在想方设法把它守住，这也是苦吧。那些有钱的人，他住在家里就像住牢房一样，高墙深宅，门窗就好几层。出门又怕人家绑票，买东西怕被抢劫……可见，守财也苦。

等到了第三个阶段呢？如果他失去了财富，那就更苦了：丧心病狂报复的人有，得病的人、自甘堕落的人还有。昨天是亿万富翁，今天是一贫如洗，受不了、狂乱、迷醉。

有句古语这么说道："公道世间为白发，贵人头上不曾饶。"世间最公道的事情就是人人都会变老，由满头黑发变得两鬓苍苍，管你是王公贵族、帝王将相，谁也别想逃掉老天爷的惩罚。

那么，也许有人问了，既然人生这么苦，我们还追求什么呢？因而他们消极悲观，也就取消了人生本来应该的努力与向上。悲观地看待人生世界。其实，这是一种最普遍的对"苦"基本思想的误解。其实，真正的人生之苦是说"无常"的苦，生活一切无常，一切都在变化当中，一切都在生生灭灭转瞬即逝，佛说的人生是苦的那个"苦"，其实指的是"有缺陷"、"不永久"。

其实，人生有苦，有缺陷就好像人生中有了疾病，就要看医生就要服药，今天不舒服，明天疾病去除，不就恢复健康与快乐了吗？今世有缺陷，赶紧修来世不就是一种积极的办法吗？佛教的修行正是治"人生是苦"的严酷现实的有效手段。

有一对年老夫妻渴望听闻佛法，无奈居住的地方太偏僻，从来没有僧人前来弘法。

终于等到一位出家人路过此地，老夫妇欢喜异常，恳请法师为他们讲经说法。可惜法师资历尚浅，对于经教义理一知半解，更不懂如何说法，却难以拒绝，只好硬着头皮登上夫妇二人准备的宝座。

　　这位法师本来就已经手足无措了，登上宝座，看到老夫妻恭恭敬敬地跪在下面，急得满身大汗，如坐针毡，不由得喊出一句："哎，苦啊！"

　　老夫妻听到法师一针见血的开示，频频赞叹："法师说得真好，人生确实是苦，年老力衰，又没有养儿养女，空有资财，不知道要留给谁？真是苦啊！"

　　法师看到老夫妻虔诚磕头如捣蒜，更是着急地说："哎呀，真苦。"

　　老夫妇一听，愈加感慨："真苦啊！为人在世每天忙碌，日夜辛苦，到了老年，病死逼迫，真苦啊！"

　　这时，法师再也忍耐不住，只得悄悄溜走。老夫妻许久听不到声音，抬头一看，宝座上竟然空无一人，认为必定是菩萨慈悲显灵指示。从此，他们深刻明白人生是苦，而发愿行善助人，热心公益。老夫妻在日日发心当中，渐渐地感觉到人生不完全是苦，而是希望无穷尽，他们体会到，慈悲富含无限的欢喜和快乐，而苦实是入道的增上缘。

　　可见，人间有多少种苦难，就有多少种关于苦难的思考：是追求永恒还是及时行乐？是逍遥无为还是积极进取？是看破红尘还是挺身而入？是规规矩矩还是浑浑噩噩。我想，很多时候，人只有通过苦难才能得到考验和提高，一个人、一个企业，乃至一个民族、一个国家，通过承受苦难而获得的精神价值也是一笔特殊的财富。

　　现实中虽然说是"苦"的，但如果我们朝着积极乐观的方向努力，就不可能再是悲观与消极的了。我们不仅在困苦时知道努力向上，在幸福中也知道惜福，又因为时时警醒自己，了解快乐不是永久可靠的，所以必须好好向善努力。说到底，人生的确是苦，但更需要明白的是人要化苦为乐，迈向积极的、向上的、健康的、快乐的人生道路。

五

扫相破执，明心见性：遵循本性

"生亦何欢，死亦何忧？怜我世人，忧患实多！"人生犹如苦乐的两面：太苦了，当然要提起内心的快乐；太乐了，也应该明白人生苦的真相。热烘烘的快乐，会乐极生悲；冷冰冰的痛苦，会苦得无味；人生最好过不苦不乐的中道生活。

所以说，人生不论长短，都要努力让这辈子没有遗憾，无遗憾的人生才有意义。人生如何才会如意？就要学知足，知足才会知福，知福才会再造福。令人烦恼的是，我们经常让梦凌乱得不由自主，迷迷茫茫地拿错剧本演错戏。只有理出一个明明朗朗的好梦，人生才有价值。

148

觉悟

J U E W U

了悟真实自己

愚痴的人，一直想要别人了解他。有智慧的人，却努力地了解自己。——禅语

菩提一叶

有道禅师当初行脚时，路过一间卖茶的茶坊，因为口渴，就进去想喝杯茶顺便小憩一下。店主一看是位僧人就热忱招呼，并且问道："禅师！辛苦了吧？喝茶吗？"

有道禅师用平淡眼光看了一下茶架，点一下头，然后一句话也不说。

店主似乎也是禅道高手，小心谨慎地说道："想必您是一位禅道高深的禅师，小的有一个问题想请教您，如果您告诉我，我就供养您！如何？"

有道禅师说："你问吧！"

店主问道："古镜在未磨时如何呢？"

有道禅师很快答道："未磨黑如漆。"

店主再问道："古镜如果磨了之后会如何呢？"

有道禅师回答道："可以照天照地。"

店主不以为然，说道："对不起，恕我不供养。"说着转身就入店内去了。

有道禅师愣了一下，心想："我数十年参禅，现在连个店主我都不如，可见其禅道之高了！"于是决定下苦心闭门深修，以求开悟。

三年后，有道禅师又出现在茶坊的门口。店主仍亲切的招呼道："呵！三年不见，仍想请教那句老话，'古镜未磨时如何？'"

有道禅师顺口说道："此去汉阳不远。"

店主再问道："古镜既磨后如何？"

有道禅师再回答道："黄鹤楼前鹦鹉洲。"

店主听后，诚恳地说道："请禅师接受我的供养！"随即转身招呼伙计："泡好茶！"

古镜有否磨过，有道禅师说未磨的黑如漆，已磨的就可以照天照地。其实，店主用古镜来比喻我们的自性，却不料有道禅师没有了悟。

"自性"本来是清净的，本身不会减少，也可以明亮地照出物体，那么既然是这样，还分什么未磨已磨呢？保持自性的人成为圣人，自性也不会增加，成为凡人也不减少，所以有道禅师未能认识如古镜之自性，吃不到茶也就正常了。当他第二次回答古镜未磨即"此去汉阳不远"，古镜已磨为"黄鹤楼前鹦鹉洲"，即能认识自性当下即是，故有好茶吃。

丛林里，母狮产下了一头幼狮。不幸的是，母狮生产后没多久就死了，留下只有数周大的小狮子。饥饿的小狮子不断试着唤醒它的母亲，却徒劳无功，最后它跌跌撞撞地走开了，迷失在树林里。

寻找食物的幼狮遇见了正在哺喂小羊的母羊，温柔的母羊接纳了幼狮，并喂它吃奶。小狮子被羊群接纳，在羊群中长大，它自然认为自己是一只羊。有时它在羊群里也觉得格格不入，它学不会咩咩叫，青草又令它

五

扫相破执，明心见性：遵循本性

难以消化。尽管有时候它觉得自己和其他的羊是不同的，然而现实又似乎不是这么一回事，它最终还是接受了现实。

一次，当羊群一如往常吃着青草时，一头巨大的咆哮着的狮子开始追逐它们。受到惊吓的羊群，包括幼狮在内，拼了命地狂奔逃命，咩咩地嘶叫着。看到幼狮如此害怕，而且像羊一样咩咩地叫着，狮子深感震撼而停止了步伐。一瞬间，巨狮一口咬住了幼狮，叼着它返回了森林。

狮子对吓破胆的幼狮解释自己并不打算吃了它，而且告诉幼狮，它是森林之王狮子的儿子，不该与羊群为伍，更别提去吃青草和咩咩的叫了。

可是幼狮不理解狮子告诉它的话，只是不断地哀求："别吃我，求求你！"于是，狮子把幼狮带到附近的河边，让它看看自己的倒影。

幼狮看到自己的模样，终于接受了狮子告诉它的话。它走路的姿态立刻变得优雅起来，看上去真的像是一头狮子了。它把头抬得高高的，不再像觅食青草的绵羊。它停止咩咩叫，开始发出狮子的吼声。它终于察觉到了自己的真实本性。

可见必须放下自己所意识到的缺陷，才能认识我们本来的真实面目。因为，在我们每个人的心灵中，都有一小簇神圣的火花，也就是所谓的"更高层次的自性"或是"内在真我"。一旦我们能够了悟真实的自己，并依据它来行止，就能够成为自己命运的主宰，活得有尊严，并且能勇敢无畏地面对人生的挑战。

如果我们能够发现自己的本来面目，我们将会视他人为自己，若是达到这样的境界，我们才能够爱、尊敬并接受他人；我们也将征服愤怒、嫉妒和贪婪，拥有爱、同情心和奉献的精神。

你希望掌握永恒，那你必须先把握当下。你希望战胜他人，那你必须先战胜自己。天堂与地狱其实都不在别处，它们就在我们每个人的心灵之中。当我们的心处在喜悦与爱的状态时，每一朵花的绽放、每一缕风的流动，都能带给我们最真的喜悦，如此，当下即是天堂。

我们每个人的人生其实就是一个心灵成长的旅程，当我们遇到外在的挑战与挫折时，首先要去关注的并不是外在环境的种种刁难，我们首先要

150

觉悟

J U E W U

回归自己的心灵，看看自己的心灵中是否有尚未学会的课程，心灵成长的旅程其实就是一个让自己的心变得更开阔、更清澈、更喜悦的过程。如果你解决了这点，或许开始的将是一个颠覆性的人生。

禅言慧语

真正的生活是有自我的生活，最重要的是做自己认为值得的事。

禅的智慧，就是要我们关注我们的心灵，善待我们的心灵，停下匆遽的脚步，聆听真实生命的声音，从而使生命多一份从容与淡定。然而不幸的是，我们很多人一辈子都在追逐、应对衣食、名利，而偏偏忽略了心灵。心灵恰恰是我们生命中最宝贵的本心本性。

求人不如求己

菩提只向心觅，何劳向外求玄。——禅语

菩提一叶

故事一：一个人站在屋檐下面躲雨，碰巧遇到观音大士撑着雨伞走过。那个人是虔诚的佛教徒，当然不肯放过这么好的机会了。

他对观音菩萨恳求："大慈大悲观世音菩萨，求你度我一程吧！"

观音回答："我在雨中，你在屋檐下；我这里有雨，你那里无雨，何必要我超度？"

那人不死心，就从屋檐下跑到大雨中。"现在我也在雨中，菩萨总该慈悲为怀度我了吧？"

"还是不行。"观音依然没有答应，

"为什么呢？"这个人疑惑地问。

"我们都在雨中，我没淋雨，是因为我带了伞；你被雨淋，是因为你没带伞。这样看来，是伞在度我。你找我度，还不如找伞度。"观音不紧不慢地回答道。

结果那人被淋了个落汤鸡，菩萨还是没度他。

"真是个自私鬼。"这人小声嘀咕。

菩萨听了也不生气，见他还不觉悟，就准备另找机会启发他。

一段时间后，这个人在寺院又看到观音了。那时候菩萨正双手合十对着自己的塑像祷告。

"菩萨你怎么了？干吗对自己祷告啊？"这人不知道观音在干什么。

"我遇到了烦心的事情，不知道怎么解决才好，所以才跑来跟自己祷告啊。"观音淡定地说道。

那个人终于恍然大悟，明白了菩萨的一片苦心。

故事二：佛印禅师与苏东坡一起在郊外散步时，途中看到一座马头观音的石像，佛印立即合掌礼拜观音。

苏东坡看到这种情形不解地问："观音本来是我们要礼拜的对象，为何他的手上与我们同样挂着念珠而合掌念佛，观音到底在念谁呢？"

佛印禅师："这要问你自己。"

苏东坡："我怎知观音手持念珠念谁？"

佛印："菩萨是在念自己。"

儒家说："不患，无位，患，所以立。"只要自己条件具备，不求而有。其实，我们的心已经具足明白万法的基础，用不着向外求那么多超度的方法。所谓"各人吃饭各人饱，各人生死各人了"，遇到情况之后，我们更多的还是问问自己怎么办，而不是首先去求别人。

现实社会中，许多事情明明应该由自己来做，但有的人就是不想做，总想找人帮助、以逸待劳，受到教导后还总能找出千万条理由来安慰自己和回击别人。这样的懒惰、依赖和不负责任的心态能成就事业吗？

其实，困境和挫折肯定不是我们想要看到的，因为它给人带来心理上的压抑和焦虑是十分痛苦的。但善于自救者，却能把这种情绪升华为一种力量，引向对己、对人、对社会都有利的方向发展。在获得成功的满足时，也清除了心理压抑和焦虑，达到积极的心理平衡。

美国著名学府哈佛大学毕业的女学生布露柯·艾莉森，成为哈佛大学的首位四肢瘫痪的学生。

21岁的艾莉森在7年级开学的第一天发生严重车祸，几乎丧命，在医院昏迷36小时后奇迹般苏醒，但四肢全部瘫痪，她醒后首先想到的不是关心自己怎样了，而是我什么时候可以去上学和我的功课是否会落下。

尽管已经四肢瘫痪，但她不服输的精神却点燃了希望的火焰，她以优异的成绩从哈佛大学毕业，并取得心理学和生物学两个学士学位，面对着种种痛苦，她仍无比坚毅地说："这就是我的生活，我一直感到，不管我所面对的情况如何困难，我都应该坚持下去，自己拯救自己。"

反之，有的人在遇到挫折时，一味颓唐绝望，不求自己求他人，缺乏自信，枉失良机。你要知道，即便有人来帮助你，也需要自己抓住机会！何况，还有"金山吃空，靠山山倒"的可能。

一次，拿破仑看到一落水男孩在高呼救命，而这河面并不宽也不深。拿破仑不但没有跳水救人，反而端起枪，对准男孩大声喊："你若不自己爬上来，我就把你打死在水中。"那男孩见求救无用，反而增添了一层危险，便更加拼命地奋力自救，终于游上了岸。

如果万事指望靠别人的帮助，还不如靠自己的努力去争取。要知道，自己才是命运的主宰，一切指望别人的想法，都是在给自己套上枷锁，过份依赖别人，失败的是自己；一味地把希望寄托在别人身上，而不积极地创造条件改变自己的命运，就如同将自己的一切都掌握在别人手里，即使成功也不会长久。

那些不求诸己，但求诸人，希求别人的关爱、别人的提携，稍有不能满足所求，即灰心失望。这样一个没有力量的人，怎能担负责任？那些经常流泪的人，怎么把欢喜给人？

求人不如求己，因为世上本没有什么奇迹，一切都要靠自己。在人生

五

扫相破执，明心见性：遵循本性

追求的过程当中，我们应该保持知足的心态，自己努力创造奇迹，才是真的奇迹。因此，要干好事情，我们可以借鉴别人的经验，但绝不可依赖别人，最终还是要靠自己不断摸索、不断总结，找到适合自己的方法，将事情办好。记住，求人不如求己，成功者自救。观音菩萨念自己的名号，不就是说明这个道理吗？

禅言慧语

释迦牟尼圆寂前说过："当自求解脱，切勿求助他人。"我们虽不一定都是佛教徒，但深刻理解这句话肯定也会得到很多人生启示。

一个敢于承担的人就应该有绝对的自尊，有放眼天下舍我其谁的气概。俗话说，靠别人的火取不了暖，看人家吃饭填不饱肚子，只寄希望于别人的帮助，而自己不去奋斗和努力，终将会一事无成。

觉悟

J U E W U

先帮别人，后助自己

你连自己都无法度，怎么去度别人呢？——禅语

菩提一叶

南山上有一座神庙，里头供奉着一尊佛祖。传说这尊佛祖非常灵验，只要信徒心诚意正的许愿，佛祖都会大发慈悲，帮信徒圆他的梦。有一个信徒听说了这件事，他为了表现出虔诚的心，在佛祖诞辰时，亲自背着鸡、猪、鱼三样牲礼，一步一步地爬上南山，准备在佛祖的生日时，向佛祖许愿。

历尽千辛万苦，虔诚的信徒终于到了神庙。他恭敬地将牲礼摆上供桌，"扑通"一声跪在地上，双手合十诚敬的向佛祖祷告说："灵验的佛祖啊！我已经考了十年功名，却都一直无法如愿。你的法力无边，请你看在我这么虔诚的份上，让我今年金榜题名吧！”

信徒虔诚地祷告完之后，收拾起牲礼准备打道回府。他才走出庙门，就看见一个乞丐伸手向他乞讨说：“大方的施主呀！我已经饿了三天三夜了，请你可怜可怜我，给我一点儿祭拜的牲礼充充饥吧！”

信徒看乞丐脏兮兮的模样，露出嫌恶的表情挥挥手，说：“瞧你又破又烂，别弄脏我的牲礼，我的牲礼还要带回家给妻子儿女吃呢！哪里有你的份！”

乞丐继续不断地磕头乞求，说：“大方的施主呀！我就快饿死了，只要给我一点点牲礼就够了呀！请你救救我啊！”信徒怕乞丐来抢他的牲礼，赶紧扛起牲礼，头也不回地跑下了山。

乞丐饿得全身无力，裹着身上仅有的破毛毯，缩着身子蹲在庙旁。夜里，不知从哪里突然冒出一只癞痢狗，偎在乞丐身旁取暖。小狗弄脏了乞丐的毛毯，乞丐生气地踹了小狗一下，说：“滚！瞧你满身那么脏，别弄脏了我的毛毯，这里可没有你窝身的地方。”小狗当天晚上就冻死在神庙的大门边。第二天，乞丐虽然有毛毯覆身没有冻死，但也因为缺少食物而饿死了。

半年后，虔诚的信徒又落榜了。

他气冲冲地来到南山向佛祖抱怨说：“说你的法力无边，根本都是骗人的，如果你真的灵验，为什么连一个简单的考试都没有办法帮我？”

佛祖问信徒：“为什么我要帮你？”信徒回答：“我虔诚地扛着牲礼上山，为了赶在你的诞辰之前来到庙里，一刻也不敢休息，光是这份诚意，你就应该帮我。”

于是，佛祖把乞丐的灵魂叫了出来，乞丐的灵魂向信徒大声哀嚎，说：“我只请你给我一点儿牲礼，让我填饱肚子，你都不肯，连这一点儿施舍之心都没有，佛祖为什么要帮助你？不过佛祖呀！你也真是残忍，宁可眼睁睁地看我饿死，也不肯拿一点儿东西给我吃，难道你没有一点儿怜悯之心吗？”

扫相破执，明心见性：遵循本性

佛祖又叫小狗的灵魂出来，小狗的灵魂向乞丐大声吠叫，说："我只求你让我窝在毛毯旁边，让我体会一点儿毛毯的温暖，对你来说根本没有任何损失，你都不肯，信徒为什么要施舍你？佛祖又为什么要怜悯你？"

最后，佛祖指着信徒说，让你金榜题名；再指着乞丐说，让你丰衣足食，对我来说都是举手之劳。但是，你们连自己能力所及，可以轻易帮助别人的都不肯付出，你们又有什么地方值得我动这举手之劳呢？佛祖说完，顺手把信徒的榜单抛到深谷中，信徒再也与功名无缘。

很多人到危难关头会到处求菩萨拜神仙，托各种关系、找每一个朋友，却不见得有人帮你，什么原因呢？这时候，你是不是该考虑你曾经为他们做过什么呢？是平时任何援助都不舍得提供还是只会落井下石呢？如果是后者的话，没人帮助受困的你自然也很正常。

故事中的信徒没帮助乞丐，自己又一次名落孙山，乞丐没帮小狗，也没有受到佛祖的垂青。这也恰好说明了，如果你帮助其他人获得他们需要的事物，你也会因此而得到想要的事物。你帮助的人越多，你得到的也越多。

助人，是一种循环。现在帮助别人，不见得立即有直接的回报，但"得"最终也会循环到自己身上。而且，回报的内容和形式也是多种多样。如果每个人都在爱护自己的同时，也考虑爱护别人，那么最终自己也能得到更好的爱护。

只要心中有一盏温暖的灯，就将照亮你黯淡的心灵，获得温暖，度过寒冷的冬季，跨过每一道障碍。我们常说，在送给别人一束玫瑰的时候，自己手中也留下了最持久的芳香。当别人需要我们救助的时候，我们要勇于伸出援助之手。因为，救助别人是我们作为人的一项职责，而且有时候救助别人往往就是在救助我们自己。

很多时候，人生的道路起伏不定，逆境常多于顺境。朋友在身处逆境，面对不幸时，如果你曾经及时地送出你真诚的安慰或帮助，就像雪中送炭，能带给不幸的人温暖、光明还有力量。

就心理学而言，人际关系最重要的法则就是要主动付出。因为每个人都希望得到别人的帮助，然而大部分的人都不愿主动帮忙，只要能主动先帮助别人，你就会受到欢迎。当你不断地主动帮助别人，别人就开始依赖你，就不能没有你。当别人不能没有你的时候，就欢迎你、喜欢你，你当然人际关系会很好。等你需要他们帮助的时候，自然也会水到渠成。

有时候，播撒一粒爱心的种子，比给予一个现成的果实更有力量，更有作用。

为什么有人事业、名利取得很大的成绩，却依然让人感到厌恶，就是因为他们缺少对别人的让利与关爱，在于他们的道德不够完善。拒绝助人，是他们最难以克服的人生缺陷。这绝非是一个胸怀博大、充满爱心的人的做法。换个角度，如果你用心经营人脉，就会收获人脉带给你的丰厚回报。有时候自己的力量很微弱，但是人脉凝聚的力量却很强大，等你到了人生的关键时期，它就会给你带来惊喜。

因此，求福不如惜福。求别人帮忙并不如想象中的那么困难，只要你曾经帮助过别人。所以说，多多帮助别人解决问题，也会帮自己解决自己的问题，因为付出是没有存折的储蓄。

157

五 扫相破执，明心见性：遵循本性

禅言慧语

天空与天花板的区别在于，与人分享的叫作天空，悄悄独享的就是天花板。一个人在生活中为人处世，是想拥有一个广阔的天空还是几平方米的天花板呢？

其实，我们的人缘在很多时候，并不是一种资源，而是一种依靠，一种无形的力量。朋友是你的后盾，在你困难的时候能给你最及时的帮助，因此在处理人际关系时，特别是朋友之间关系的时候，千万不能待人苛刻，也不能使小心眼，贪小便宜，睚眦必报之人只会得到惩罚，帮助别人才能扶携自己。

谁能为你赤脚开门

 菩提一叶

从前，有个年轻人与母亲相依为命，生活相当贫困。后来年轻人由于苦恼而迷上了求仙拜佛。母亲见儿子整日念念叨叨、无心做事的痴迷样子，一直苦劝。但是，年轻人对母亲的话不理不睬，甚至把母亲当成他成仙得道的障碍，有时还对母亲恶语相向。

有一天，这个年轻人听别人说起几百里之外的山上有位得道的高僧。心里痒痒，于是想去向高僧讨教成佛之道，但他又怕母亲阻拦，便瞒着母亲偷偷地从家里出走了。

他一路上跋山涉水，历尽了艰辛。半个月后，终于找到了那位高僧。高僧看到他脚上磨的大泡，衣衫不整的就来修行，于是就热情地接待了他。

当高僧问起年轻人的家事时，年轻人滔滔不绝的一番自述，高僧沉默良久。一会儿，他向高僧请教佛法，高僧开口道："你想得道成佛，我可以给你指条道。吃过饭后，你即刻下山，一路到家，但凡遇有赤脚为你开门的人，这人就是你所谓的佛。你只要悉心侍奉，拜他为师，成佛又有何难？"

年轻人听后大喜，遂叩谢高僧，欣然下山。

第一天，他投宿在一户农家，男主人为他开门时，他仔细看了看，男主人没有赤脚。

第二天他投宿在一座城里的一户富有人家，更没有人赤脚为他开门，他不免有些灰心。

第三天、第四天……

这个年轻人一路走来，投宿无数，却一直没有遇到高僧所说的赤脚开门人。他开始对高僧的话产生了怀疑。马上就快到自己家时，他彻底失望了。这天太阳下山后，他没有再投宿，而是连夜赶回家。到家门时已是午夜时分。疲惫至极的他费力地扣动了门环。屋内传来母亲苍老惊悸的声音："谁呀？"

"我，你儿子。"他沮丧地答道。

很快地，门开了，一脸憔悴的母亲大声叫着他的名字把他拉进屋里。就着灯光，母亲流着泪端详着他。

这时，他一低头，蓦地发现母亲因为怕他冷，着急给他开门竟赤着脚站在冰凉的地上！

刹那间，灵光一闪，他想起了高僧的话。他突然什么都明白了。

年轻人泪流满面，"扑通"一声跪倒在母亲面前。

母亲是伟大的。有句古话：不能事亲，焉能事佛？一个人连自己的母亲都无法照顾，还能期望他做出事业吗？在你失意、忧伤甚至绝望的时候，千万不要忘记一直在你身旁的母亲。也许她不能为你出谋划策，也许她不能为你遮风挡雨，但在你无助无奈颓废的时候，她的微笑会如佛光一样为你映出一片光明，使你对人生萌生希望。不管你是怎样的卑微和落魄，母亲永远是你可以停泊栖息的港湾，她的关爱和呵护一样会把你渡上一条风雨无阻的人生之船。

可是总有人不懂得亲情、友情的重要。在日常生活中，这样的事情层出不穷。很多时候，我们对待朋友、对待身边的人，甚至是对待自己的亲人，都会显得十分的苛刻。特别是当他们有意或无意犯了错的时候，我们总是会固执地不肯原谅他们，不给他们改正和补救的机会。

有人嫌弃父母的笨拙，可是他却没有想到每个人都会老，父母比我们先老，我们要用角色互换的心情去照料他们，才会有耐心，才不会有怨

159

五

扫相破执，明心见性：遵循本性

言，当父母不能照顾自己的时候，为人子女要警觉，他们可能会很多事都做不好，为人子女的只能帮他们清理，并请维持他们的"自尊心"。

有人说我不知道该如何照顾父母，其实，随时可见：当他们不再爱洗澡时，请抽空定期帮他们洗身体，因为纵使他们自己洗也可能洗不干净；当我们在享受食物的时候，请替他们准备一份大小适当、容易咀嚼的一小碗，因为他们不爱吃可能是牙齿咬不动了。

还有人就嫌照顾父母累，耽误自己的工作，可他们不想想，从我们出生开始，喂奶换尿布、生病的不眠不休照料、教我们生活基本能力、供给读书、吃喝玩乐和补习，关心和行动永远都不停歇。如果有一天，他们真的动不了了，角色互换不也是应该的吗？

作为子女就应该懂得，父母的现状就是自己的未来，所以孝顺要及时。如果你跟父母在一起生活，那么就多听听父母的"唠叨"；如果你与父母在一个城市生活，那么每周多回家几次，陪陪父母，帮年迈的父母做点他们已经感觉吃力的家务；如果你与父母相隔千山万水，不能在身边尽孝，那就请你尽可能多的打些电话，问候的同时报个平安。

俗话说，树欲静而风不止，子欲养而亲不在——你留意过自己的父母吗？我们每人的家中均有两尊佛，这两尊佛就是我们的父母啊！父母对我们的恩德是非常大的，没有他们就没有我们。不要到最后树欲静而风不止，子欲养而亲不在。

我们知道，当一个人做坏事的时候，他是一个坏人；而当一个人做好事的时候，他就是一个好人了。这是一个并不复杂，但却不容易弄明白的道理。就像大家都认定石头不会开花，但它开花了，就不应该再去怀疑，或者仅仅是惊奇，而是应该承认并且赞美它。宽恕是一种慈悲、是一种爱，而爱是可以改变一切、包容一切的，包括人心和世界。

其实，不仅仅是感恩父母。我们还需要感恩很多人：对师长心存感恩，因为他们给予了我们教诲，让我们抛弃愚昧，懂得思考，在人生历程中实现自我；对兄弟姐妹心存感恩，因为他们让我们在人世间不再孤单，让我们知道有人与我们血脉相连；对朋友心存感恩，因为他们给予了我们友爱，让我们在孤寂无助时倾诉、依赖，看到希望和阳光；对单位心存感恩，因为单位给予了我们生活的保障，给予了我们事业；对竞争对手甚至敌人心存感恩，因为他们给予了我们学习前进的动力，使我们坚强。

心存感恩，会让一句简单的话语充满神奇的力量；让那些琐碎小事变得亲切无比起来。感恩是一种生活态度，是一种品德，是人格健全的基础和标志之一。做人要有一颗感恩的心。

记住，你最该感恩的就是父母，就是那个在冬夜里毫不犹豫赤脚为你开门的人。

禅言慧语

很多时候，那陌生人的一个微笑、一声问候，让我们感激不尽、怀念良久。但是，生命中有太多的恩情，因为"近水楼台"，我们却忘记了真心感谢。让我们满怀一颗感恩之心吧，我们的生活必将因此而幸福圆满。

生命本该充满了感动。如果你努力成为更好的自己，努力为别人付出，你就会发现，有那么多人也和你走着一样的路，一样用心去爱着这个世界，你就会觉得自己并不孤独，全世界哪里都有你的弟兄，哪一个都值得你感动。

五 扫相破执，明心见性：遵循本性

嫉妒猜忌蒙蔽心性

嫉妒别人，不会给自己增加任何的好处。嫉妒别人，也不可能减少别人的成就。——禅语

菩提一叶

从前有两个年轻人，爱好武功，就一起去山上的寺庙找高僧学习。

高僧对这两个徒弟都非常照顾，而且耐心地教导他们每一样功夫。于是，两个年轻人在拳脚对打上总是不分上下，因为，师父是用平等的方式，传授他们两人的功夫。这两个徒弟，也不辜负师父的期望，认真地苦练，而且两人也都对师父非常尊敬。

师父年纪渐渐大了，患了风湿病，必须有人常常帮他按摩，才可以血气通顺。所以，两个徒弟一个人各负责一只脚的按摩。两个人也都很细心地替师父按摩，可是，日子久了，就显出各人的成绩不同。成绩较差的师弟就嫉妒师兄，成绩较好的师兄也骄傲而轻视师弟，两个人都暗地里斗来斗去。

由于两个人不和，不能好好地相处，甚至于说话的时候，两个人也会互相对骂。于是，因为"恨"的关系，就产生了迫害的行为。

有一天，师兄回家探望亲人时，师弟乘机把师兄负责按摩的那只脚折断了，为的就是报复师兄的骄傲。等到师兄回来了，看见他负责按摩的师父的左脚，竟然被师弟折断了，他就非常生气地说："岂有此理！自己做得不好，不知道反省，反而破坏人家的成绩。"于是，一气之下，师兄也将师父的右脚折断了，为的是报复师弟的嫉妒。最无辜可怜的当然是老师父了，两个师兄弟因为不能和睦相处，一个因为嫉妒，一个为了骄傲，两人竟然把师父的两只脚都折断，用来报复对方。

我们无可置疑，猜疑也是一种很好的自我保护，尤其是在接触陌生人的时候，如果能把握好猜疑的尺度，我们的安危便能得到良好的保证。但是，过份的猜疑极容易转换为精神病态；而过份的相信，又很容易被他人所愚弄。猜疑使我们产生犹疑，不能果断地处理问题，常常使我们坐失许多良机；猜疑也容易通过小人的口舌，在真理面前搬弄是非；猜疑还会产生许多痛苦的细胞，使我们长夜难眠，因此，化解那些不必要的猜疑最好的方法就是相信自己。

嫉妒往往会让人失去待人处事的智慧，成为坏事的开始。许多人常常也会犯嫉妒和骄傲的毛病：同事之间，虽共处同一办公室，却终日互相猜疑，于是，芝麻绿豆大的小事，也要斤斤计较，动辄相互向老板告状，说是自己受尽委屈，要求这要求那，破坏办公室的气氛；事关自己的利益，争取也就算了，有时还要涉及无辜，令周遭的人也备感压力；此种行为，其实是一颗心被嫉妒及猜疑蒙蔽了，以致做出丧失理性的事情；有些人从不满足自己现有的财产且嫉妒那些比他们拥有更多的人，藏匿在这些人内心的嫉妒感使他们不知把握现有的快乐；很多在他人眼中已经做得很成功的人，仍然汲汲蝇蝇的追求，并为有人比他们更好而感到痛苦。

追根究底，嫉妒的根本原因乃是私心。当一个人变得古怪异常，生活以自我为中心时，他会视所有的事物为潜在的敌人。会羡慕他人的成功，并垂涎他人的财产；此外，他无法忍受见到别人快乐，且嫉妒他人的成就。最后，变得完全无法与人沟通且极具危险性，而时常制造许多事端。

在人际关系日趋复杂的现在，因狭隘的心态引发利害冲突，产生种种烦恼，究其原因，不外乎是以自我为中心，由于处处为自己设想，产生分别与对立的心，更因个人的主观，漠视客观环境的存在，于是，障蔽了自己的心性，导致将心态陷于不平衡，进而造成人我之间的不和谐，导致无谓的纷争与忧扰。

其实，很多烦恼不是因为别人的侵扰，而是源自于心：有一只狗四处旅行，想看看自己国家的风貌。未料，几天后便自他方归来，朋友问它是否途中遇到其他困难，它说沿途上遇到许多人和动物，他们并没有找麻烦而让它自由来去。"唯一面临的问题是由我们同种的狗制造出来的，"它答道，"它们不让我静心走走，反而向我吠叫、追赶并想咬我。"

你可以回想一下，当你成功时，不认识的人都会来烦你、托你办事。而你必须还得忍受你的朋友及亲人的嫉妒，甚至他们对你造谣生事和阻碍。在这种情形下，我们应该试着培养耐心而不是嫉妒心。

佛经里说道，思想是促成美事的力量，所得的果正是思想所种之因所致。我们的痛苦与快乐完全肇因于自己思想的邪恶或正直。倘若不幸有了敌手，让恨意深植心中，是对自己所做最糟的事。

既然已经了解嫉妒的危险，我们应该投入更多的时间及精力以培养对

五

扫相破执，明心见性：遵循本性

人的慈爱与同情。想想，纵使他人更上一层楼，我们又有什么损失呢？反而我们应该立身朴质、铲除自我心中的欲望，并为他人的喜悦而快乐，拥有这些纯正想法的人才是有福之人，对整个世界也是一种恩典。我们应该体会他人的痛苦，而产生同情心，并且摒除自私的想法。唯有克服私心，修养品德及体谅他人、慈悲胸怀时，才能达到快乐满足的生活。

我们应该在他人快乐时，设身处地去体会他们的喜悦，这是对付嫉妒的最佳办法。也许对于自己亲近的人成功了，这么做或许不难，但对于对手还能如此豁达就很难办到了。然而，我们反思一下："难道我们不想要功成名就吗？难道我们不希望他人诚心地恭贺我们吗？假如我们希望他人如此待我，他们一定也期望我们为他们的成功、幸福与快乐而祝福。"抱持这样的态度可以使人从痛苦及毁灭中解脱，因为我们知道恶意和恶行均源自于嫉妒之心。

对理性的人来说，猜疑是一种捕捉成功机会的思考；对狭隘的人来说，猜疑是一种对他人的无理侵犯。猜疑别人也是在怀疑自己，我们的心胸时而被猜疑打开，时而又被猜疑关闭，具体地说，猜疑是一种矛盾心理的体现。人本来可以过快乐的日子，但我们却会为了一点小事，把自己搞得无法宽恕、原谅他人，只想改变别人，而又不反省自己的人，将会抱憾终身而随业力堕落。

禅言慧语

猜疑需要一定的尺度来衡量你心里的距离，我们要学会把握这个距离的尺度，既不回避猜疑，又不过分去猜疑，把猜疑做到恰到好处，有利于我们正确分辨事物。我们必须注意，狭小的心胸，是滋生猜疑的温床，放远眼量，才是解放猜疑的真谛。猜疑总爱躲藏在心虚的人耳朵里，在暗处窃听光明的声音。

嫉妒不能为自己带来朝思暮想的事物，反而会引人走入憎恨、焦躁、身心憔悴的死巷。所以，我们要随时对邪恶的念头提高警戒心，每当心存不善时，必须试着将其转换为善良的思想，要对自己心中的思绪严加督正，用循序渐进的自我觉醒，我们可以摆脱恶劣的思想，而不被它所奴役。

找到自己，庄严自己

只有找到自己，才能庄严你自己。——禅语

菩提一叶

一天，释尊禅师在寂静的森林中坐禅。

突然，远方传来隐约的嘈杂声，声音越来越近，原来是一对男女在林中争吵。

过了一会儿，一名女子慌忙地从树林中跑了过去。她跑得太专注了，居然一点儿也没有发现禅师。之后又出来一名男子，他走到释尊禅师面前，非常生气地问道："你有没有看见一个女子经过这里？"

禅师问道："有什么事吗？为什么你这么生气呢？"

阳光透过树叶，在男子脸上形成明暗不定的阴影。他凶狠地说："这个女子偷了我的钱，我是不会放过她的！"

释尊禅师问道："找逃走的女人与找自己，哪一个重要？"

青年男子没有想到禅师会这样问，站在那里，愣住了。

"找逃走的女人与找自己，哪一个更重要？"释尊禅师再问。

青年男子眼睛里流露出惊喜的神色，他在一瞬间感悟了！青年男子低下头来，脸上的怒气早已消失了，重新洋溢着平静的神色。

在我们的生命中，一定有一个最适合自己的位置，只是我们暂时可能没有找到。

很多人选择庸庸碌碌的生活，为追求无尽的欲望所鞭策而脚步匆忙，

五

扫相破执，明心见性：遵循本性

也许，这就是众生相。但是，单纯的追逐物欲一定会迷失自己。

一次，柳宗元家里的木床坏了，就找了一个自称很优秀的木工，可是这个人却不会修理，可见他凿、锯、刨、雕的技艺平平。但木工却声称自己能够建造房子，这令柳宗元难以相信！

后来，柳宗元在一个工地，又看到这位木工，只见他发号施令，有条不紊，工匠们在他的指挥下，井然有序地工作着。可见，这位木工也许并不是一位好的木工，却是一位出色的领导者。

有句俗语是这么说的："垃圾，是放错了位置的宝贝。"其实，不仅是管理中、职场上、交际中、生活里都是这样，没有一个明晰的位置会让你有劲没地方使。很多人总是在寻找成功的方法、沿袭成功者的路径以期望获得开悟，其实，你大可不必太过于专注于成功的手法和技巧，最为直接成功的方法就是让自己处在一个合适的位置。

释尊禅师说的找逃走的女人与找自己，哪一个更重要，这也告诉我们，每个人生命就像是星星一样，放在什么样的位置，就能在什么样的位置发光，漫漫人生，我们唯一可以成就的事，只不过是尽力发挥个人的特质而已，承认生命中的完美与不完美，也就是选择那些最适合我们发展的职位、职业以及我们想要的生活方式。

找到自己，首先不能被名声所累。对于很多人而言，名声似乎是比物质更大的一种诱惑。不管是"留取丹心照汗青"的文天祥，还是"赢得生前身后名"的辛弃疾，看淡了生死，但放不下声名。当然，儒家文化对于名节的宣扬更多是与信念相关的，譬如杀身成仁、舍身为国，任何为了理想而献身的人都值得我们尊敬。在此，我们需要避免的是对于浮名的过份看重和追逐。"每个人爱自己都超过爱所有其他人，但他重视别人关于自己的意见，却更甚于重视自己关于自己的意见。"这不是很可笑吗？所谓的"名声"，所谓的"面子"，其实许多是自己加在自己身上的枷锁，在一片赞美声中，自由已被虚名绑架。因此，还是让我们保持一份清醒吧，难以办到的事情就别再勉为其难，廉价的赞美也别太放在心上，做自己想做的事，做自己该做的事，闲言碎语自会随着时间而消逝。

找到自己，友善地对待他人。这个世界是一个联系的整体，"人们是彼此为了对方而存在的"，因此，亲人的幸福也是自己的幸福，朋友的挫折也会让自己感到痛苦。但是许多人却忽视了这一点，有的人得势时趾高气扬，看不起身边的人，而一旦失势又怨天尤人，把责任归于他人；有的人见不得旁人比自己幸运、比自己强，以拆台、告黑状的方式满足自己阴暗的心理，怀有这种心态的人是与幸福无缘的。我们的先贤孔子早就说过：己所不欲，勿施于人。英国人也有句名言：予人玫瑰，手有余香。善待周边的人，才会给自己营造一个和谐的环境，与人为善，才会发现真情无处不在。

　　找到自己还需要正确地对待生命。人生不过一个过程，生老病死，无人能够逃脱自然的循环。"在无限的时间里，生命都是短短的一瞬"，它不会因你的乞求而延长一分一秒，重要的不是这个过程有多长，而是这个过程是否精彩，是否有意义。没有人不爱惜自己的生命，但世上没有永恒之物，死亡也是生命的一部分，自然的规律亘古不变。既然如此，何必让生死扰乱心神，坦然面对，真诚地生活，才是正确的选择。不论你是耄耋的老者，还是幼稚的孩童，我们都是处在生命的一个阶段中，不必去羡慕他人，每个阶段都有每个阶段的精彩，享受只属于你的历程吧，正确的思考和行动，在一种幸福的平静流动中度过自己的一生。

　　记住，每一个人在太阳底下都有自己的位置，找准自己的位置是要紧的。有事业基础和能力的做好自己的事业，如果需要专做主妇，那就做个高高兴兴的主妇，用你的智慧打理好全家的生活。无论做什么都是在修行，转变观念不做怨妇很关键。

　　随声逐色在情绪中打滚，永远无法面对自己。独处之后，你会发现原本一个人来，也一个人走。一旦看穿了生活的本质，就找到了痛苦的根源，你也能在此刻放下。找到一个适合自己的位置，比去寻找如何才能成功更具有意义。

五　扫相破执，明心见性：遵循本性

　　许多事的得失成败我们不可预料，也承担不起，我们只需尽力去做，求得一份付出之后的坦然和快乐；没有蓝天的深邃可以有白云的飘逸；没有大海的壮阔可以小溪的优雅；没有原野的芬芳但可以有小草的翠绿！生活中没有旁观者的席位，我们总能找到自己的位置、自己的光源、自己的声音！

　　一切都是暂时的，一切都会消逝；让失去的变为可爱。有时，失去不一定是忧伤，而是成为一种美丽；失去不一定是损失，也可能是奉献。只要我们抱着积极乐观的心态，失去也会变为可爱。相信自己，找准自己的位置，你同样可以拥有一个有价值的人生。

168

觉悟

JUEWU

六

缘来缘去，智慧清凉：摒弃喧嚣

情不附物，物岂碍人

　　人生只有一次，没有人希望自己活得浑浑噩噩。但是，若想活出生命的真意，享受神采飞扬、意气风发的生活，就必须依靠自己把握方向，不为外力所控，充分利用时间与潜能，发挥个人特质，并与宇宙万物相契合。人人都可以通过内在的省思，提升日常生活经验的层次，享受超越自我、得意人生的狂喜。

看脚下，看今生

莫讶老来方学道，孤坟多是少年人，此身不向今生度，更向何生度此身？——禅语

菩提一叶

宋代的法演禅师有著名的"法演四戒"作为自戒。

某日，夜色中，法演禅师和佛眼、佛果、佛鉴三位弟子在一座亭中闲话。这三位弟子号称"三佛"，禅功不相上下，都很得法演禅师的赏识。此刻只听他们讨论得相当热烈。

不觉夜色已凉，几人裹紧袈裟，准备回寺休息。

归途中，忽然一阵风吹过，把走在前面的佛眼手中提着的灯吹熄。四周一片昏暗，法演禅师不失时机地对几位弟子说："快把你们此刻领悟的心境说出来。"

话音刚落，佛鉴答道："彩凤舞丹霄。"

法演禅师把头转向佛眼，佛眼说道："铁蛇横古路。"

轮到佛果了，佛果指指路面："看脚下。"

灯火灭了，脚底下的任何东西都要注意。所以在黑暗中走路也和悟禅一样，都要看脚下，从自己凝视的地方实实在在踏出一步。

法演禅师这才点头叹道："能够胜过我的，只有佛果了。"

面对黑暗，佛鉴的回答"彩凤舞丹霄"，在他眼里，黑暗和光明并没有分别，此刻在人的心里应该是五彩斑斓的凤凰翩翩起舞于红霞明丽的天空。

佛眼的"铁蛇横古路"，他觉得，只要心地空明，没有什么能阻止求

171

六

缘来缘去，智慧清凉：摒弃喧嚣

法者的脚步。

而只有佛果回答"看脚下"。这三种回答也就是我们不同人的回答，有人无所谓，有人不害怕，而有的人却很觉悟。

当一切变成黑暗，后面的来路，与前面的去路，都看不见，这就好比前世与来生，都摸不着。我们要做的是什么？当然是："看脚下，看今生!"

看脚下！有什么比脚下踩的地更实在？当你的前途未卜时，当你为明天，或者未来忧愁、没有把握的时候，只有看脚下，做好今天的事，完成当下的行动。未来就是黑暗，脚下才是真实的。生活是这样，挫折与失败并不可怕，再崎岖的"路"也会走到康庄大道；工作也是这样，与其羡慕别人，抱怨不公，不如就活在当下，做好自己，一脚一脚的量，山路会有尽头，天会亮的。

暗夜行路端赖灯光，犹如人生行路的杖挂，如今灯火熄了，正如人生失去了所杖所挂时，要如何活下去呢？我们应当把握现在当下的时刻立即开始去做、去实践，倘能如此，则我们的生活将立刻充满了喜悦和温馨，我们的生命也将立刻脱胎换骨"立地成佛"。否则，凡事蹉跎犹豫，则"天有不测风云，人有旦夕祸福"，一旦无常来到，那么就必然要悔之已晚，抱憾终身了。

圆瑛法师曾向弟子勉励说："莫待老来方学道，孤坟多是少年人，此身不向今生度，更向何生度此身？"据说印光法师在自己的精舍从不挂佛像，只挂一个很大的"死"字，目的在时时警惕自己，一定要认真修行，不可浪费时光，否则一旦无常来临，就要后悔莫及。

还有一位法师常常提醒弟子说："世界上有两件事不能等，一定要赶快去做，第一个便是孝顺，第二个是行善。"许多人都认为现在父母健康还好，来日方长，以后再来孝顺不迟。此外又常常认为自己现在能力还有限，等到将来赚了大钱再来回馈社会，帮助别人。其实这种"等以后再说"的态度，往往会令人后悔莫及。

禅师的话告诉我们，把握当下，能看到今生的短，能看到脚下的路。我们仰望星空，看着斑斑星球，可以得到生命的深邃和高远，那么我们更应该俯瞰脚下，脚下才是承载我们的大地，才是我们的根！

　　前世来生，你都无法把握，你能把握的只有此刻，只有今生，能珍惜的，能真实拥有的也只有现在！所以，今天能做的事情，不要轻易给自己任何借口和理由去等待明天才做。人生的很多美丽和辉煌，或许可以再创造，但却不能再重复。

　　看脚下，是教人向前看，保持精进的状态，但是我们也不要忘记"向后看"。看了脚下，就不要忘记自己走过的路，前一脚是什么方向决定后一脚该如何走，及时地纠正方向，你才不会掉下深渊！向后看，记住每步脚下，就是要时时反照内心。走过了，就要记住；记住了，就要反思，反省；反省了，就要勇于纠正自己，不要执著于内心那个错误的判断。看，容易；记住，容易；反省也容易；及时的改正，难！知道正确的，并勇于坚持，更难！当我们破了这个"难"之后，做什么事情，都如白天走于坦途了。

　　珍视爱我们的每一个人，珍惜能抓在手里的每一天。还有什么比脚下踩的地更实在？有什么比今生更直接？"过好每一天"、"活在当下"，目的都是要人少些妄想。逝去之日如流水，苦多痛多不可追；未来之日如烟雾，难以把握不可望；过好现在每一天，做好今日每件事，对过去和将来不要做无谓的妄想，不就少了许多烦恼？因为生活在记忆里、幻想里的人是非常痛苦的人。

　　当红尘弥漫，当你看不清远方的时候，我们首先要做的是，看清脚下。只有看清能把脚放下的立足点，然后再考虑下一步。如果眼睛只放眼天外，做指点江山，做一览众山小，却疏忽了脚下，极有可能在自我感觉良好中一脚踏空。因此，不管顺逆，常常给自己一个旁观的眼神。

 禅言慧语

　　"过去心不可得，未来心不可得。"一切其实尽在当下。如果你觉得现在不幸福，总觉得改变了才是幸福，或者过去了的才是幸福，那么恐怕一辈子都难有真正的幸福感！未来的还没有来，过去的已经过去。如果每一

个当下我们不抓住，不去认真对待，总想着看不见的明天或已经远去的昨天，我们就会永远生活在紧张和失落中。随着生命一点点溜走，到头来留下的只能是三个字："空悲切。"

天在心内人在外

情执是苦恼的原因，放下情执，你才能得到自在。——禅语

菩提一叶

古时，一个和尚跟着赵州禅师悟道，刚来学习不久，便急切地想从师父那里得到禅之本意。

有一天，他问赵州禅师："我们学佛的人常常说禅，那么，到底什么才是禅呢？"

赵州并没有直接回答，反而问他："你吃过早饭了吗？"

和尚答道："吃过了。"

赵州便对他说："那么，你就去洗碗碟吧。"

弟子问禅，赵州禅师却让他去洗涮碗碟，这里面包含了禅的奥秘。据说，那和尚听了赵州的话以后，他彻悟了。

在佛教故事中，装糊涂的不止是赵州一个，还有许多的大师，例如大珠禅师。有一次，一弟子问大珠禅师："如何才能算大呢？"

禅师回答道："大。"

又问："多么大？"

禅师说："无边际。"

此人又问："如何才能算小？"

禅师回答："小。"

此人继问："多么小？"

禅师笑而说："看不见。"

便又问："大无边际，小又看不见，究竟何处是？"

大珠禅师反问道："何处不是？"

所谓的大小，乃相对而言。大至无边际，小至看不见，此为极端极致。偏偏有钻牛角者要寻大觅小却不知何处是！所以大珠禅师只好胡言乱语，假装糊涂。

说起"难得糊涂"，这几个字，人们常会想到清代著名画家、文学家郑板桥。郑板桥半生为官，看穿了中国官场，也看穿了酱缸，于是写下了："聪明难，糊涂难，由聪明而糊涂更难。"这也是很多成功人士的座右铭。

历史上有许多因不懂糊涂而引来杀身之祸者。三国时的杨修锋芒毕露，被曹操害之；韩信过于自信，常常居功自傲，还暗讽刘邦带兵打仗不如自己，最后落得被吕后杀害……

现实中的我们，每天遇到的事情太多，工作、生活、家庭、学习、交际……这其中的明争暗斗多得不可胜数，而有人凡事过于较真，不仅得罪了别人，也让自己过得憋屈、活得压抑。

科学研究表明，如果一个人经常处于烦恼和忧愁状态中，不仅会加速衰老，还会引发高血压、精神病、心脏病、肝胆病、癌症等疾病。

心理学家也证实，假如人能"糊涂"一点，对保持心胸坦然、精神愉快有很大的功用，减少对"大脑保卫系统"的不必要刺激，还可消除生理和心理上的痛苦和疲惫。所以，我们为什么不在非原则性、无关大局的小事上假装看不见呢？减少自己的辛苦，避免不必要的纷争。

徐兰州说："郑板桥的难得糊涂，似乎喻人凡事不要太认真，得过且过，所谓'不痴不聋，不做阿家翁'的另一注解。加以句读，聪明者有俗庸之智慧，有赖于人的先天遗传和后天的环境教育，才能培养成完美的性格，是以人欲聪明并不容易。"所以，聪明人难做。

六

缘来缘去，智慧清凉：摒弃喧嚣

那么，什么是糊涂呢？糊涂就是不精明。糊涂有两种：一种是真糊涂，懵懂处世，似是与生俱来，装不来、求不到；一种是装的假糊涂，明明是非黑白了然于心，偏偏装作良莠不分，既由"聪明转入糊涂"了。很多人聪明一世、糊涂一时，聪明人也会办蠢事；大智若愚、难得糊涂，真正聪明的人往往表面上愚拙。这其实是一种智慧人生，真人不露相，而聪明反被聪明误则是好要小聪明者的报应。

试想，我们忙忙碌碌，大半辈子活在熙熙攘攘的争斗中，为名为利，争强好胜，到头来又如何？面对喧嚣人生、炎凉世态，还是糊涂一些好，万事都做糊涂观，少耍小聪明，那样无所谓得、无所谓失，也就心安理得了。

在现实中，确实有许多事不能太认真、太较劲。特别涉及到错综复杂的人际关系，斤斤计较的职场环境，若过于认真或者执著，有可能不是今天动嘴，就是明天动手，只会让简单的事越来越复杂！对于每个人来说，都希望把自己面临的事情干得漂亮，不留一点遗憾。可我们有时候本来追求的是完美，结果却越追越糟糕。苏东坡一生多苦，几经大起大落的官场经历，深有聪明与糊涂之领悟，做诗一首："他人生子要聪明，我被聪明误一生，但愿我子愚且鲁，无灾无难到公卿。"他的诗中精确地表达了"难得糊涂"的深意，就是我们任何事情都不要太强求，不能一味地钻牛角尖。

作为社会人，我们不可能也不会离开社会，那么我们必须要接受、适应社会，这里说"难得糊涂"不是说我们要去循隐山林，也不是无为任其某事的发展，而是我们要觉悟"糊涂"的精髓：糊涂的学问既是道家智慧，也是禅的精神。当你置身于这个充满欲望、充满争斗、充满冲突的现实世界之中，学会了糊涂，也许会使你恍然大悟，格外清爽。让你用另一种眼光看待这个世界，自然就会感到"天在心内人在外"的心灵自由，获得一种前所未有的心灵解放。

现实里，我们大多数的担忧都是因为自己太"较真"。那些无端的担忧、烦恼大多是自寻的罢了。而这些自找的担忧和烦恼却占满了我们的时间、精力、欢乐与宁静。我们需要适度的"糊涂"，适当的糊涂确实能帮助人成长，发现生活中新的一面。把握一个糊涂的度，我们的生活就会清静、自在、快乐许多。

很多时候，我们都在庸人自扰。难得糊涂过后，要做的就是随缘，这也是智者的行为。随不是跟随，是顺其自然，不怨恨、不躁进、不过度、不强求；随不是随便，是把握机缘，不悲观、不刻板、不慌乱、不忘形；随是一种达观，是一种洒脱，是一份人生的成熟，一份人情的练达。人生原本就是一出木偶戏，只要自己掌握牵动木偶的线，卷放自如，不受他人左右，就算能跳出这个游戏场了。

闭上嘴巴，打开耳朵

沉默是毁谤最好的答复。——禅语

菩提一叶

曾经有个小国来进贡，他们的使者带来三个一模一样的金人，金碧辉煌，可把老皇帝高兴坏了。

可是这小国很不厚道，同时也给出了一道非常棘手的题目："请问皇帝陛下，这三个金人哪个最有价值?"

皇帝想了许多的办法，满朝的文武大臣出了很多主意也无法让使者满意。于是，皇帝又请来珠宝匠检查。可全国最好的珠宝商来称重量，看做工，都是一模一样。怎么办呢？泱泱天朝上国，不会连这件小事都办不了吧？

最后，无法可想的皇帝请来了护国大禅师，希望他能运用神通帮忙解决难题。皇帝将使者请到大殿，禅师胸有成足地拿着三根稻草。他把稻草插入第一个金人的耳朵里，这稻草从另一边耳朵出来了。第二个金人，稻草从嘴巴里直接掉出来，而第三个金人，稻草插进去后掉进了肚子，什么响动也没有。

禅师说："第三个金人最有价值！"

使者默默无语，正确答案的确如此。

古希腊大哲学家苏格拉底曾经对他的弟子说过："上天给了人两只耳朵一双眼睛，却只有一个口，这也就是想让你多听多看而少说一些话。"寥寥数语，却形象而深刻地说明了"听"的重要性。

我们先来看看汉字的构成：人一口，则为合。也许当年造字的老祖宗早就暗示我们，人生一世，少开尊口方是"合"理。但是，现实中的我们并非如此：开会时，你打断领导或者同事的讲话，只因为你觉得他们的观点有误；与人讨论问题，你总是喋喋不休，生怕周围的人把你忽视……总之，你总是在说，而没有注意别人的感受。

如果我们细分可以得出，使人生厌的可分为两类人：一是自己没有一件事需要谈的人却一直在说；一是不需有什么可谈的事却胡扯的。我们可能为自己所说的话犯下的错，后悔过一千遍，但是否曾经因保持沉默，而后悔过一次呢？现实中，我们总是不能用心倾听，更多的时候，是以自我为中心地发号施令或讲说不休。如此的专横跋扈会使你与朋友、同事、亲人之间多了一份隔阂，少了一份沟通，沟通效率的低下就会理所当然了。

我们分析一些人做人陷入困境、做事有失有两大原因：一是保持不住自己的安静；二是只想影响他人。曾几何时，我们不再仔细倾听他人的意见，我们不再相信别人也不相信自己，只想靠着自己嘴上的不休止来掩盖内心的彷徨与失措，却不料，越说越无益。因为深度不足的演说家，只会用长度来弥补自己的不足；不能倾听别人的人，只会用自己的话来安慰自己。

在人两种可贵的聪明中，一是能适逢其会地想起一句漂亮话来说；一是能及时想到不该说。这在我们周围屡见不鲜，那些受到我们喜爱与尊重的肯定是能够倾听对方的人，那些习惯纠正别人的人，是最惹人厌也最没有人缘的。

心理学家发现了这么一个有趣的现象：每个人都有倾诉的欲望，比如交际、服务，比如恋爱、工作，比如面对伤心和孤独或喜悦时……如果这个时候我们饱蘸浓情的嘴无法倾诉，那么我们的心灵不是超重就是失重。正因为如此，我们在交往时就更应给予别人倾诉的机会与时间，学会倾听，盛接倾诉者的情感。

很多人对灾难后的大规模的心理抚慰感到不解，因为在我们的观念中，"大难不死，必有后福"，其实不是这样的，灾后的心理抚慰甚至要强于他们的幸存。

我们先看一个故事，妻子外出乘机返回，不料中途天气恶劣，飞机几近失事，客员几近绝望，没想老天爷手下留情，天气豁然晴朗，他们绝处逢生。妻子惊魂未定地向丈夫和儿女诉说了自己的遭遇，但家人仅仅只是沉浸在团圆的喜庆之中，似乎什么也没有发生。等一段时间之后，丈夫发现妻子整天郁郁不欢，后来竟得了严重的抑郁症。等到去看医生的时候，医生表示，假如他的丈夫能够通过倾听来分享妻子谈虎色变的心情，假若他们能通过倾听险遇来反刍身临其境后的惶恐与担忧，然后再与妻子一起庆幸劫处逢生，倾听的同时流露出浓浓的爱和牵挂，那位妻子又何至于患病之深呢？

倾听即是哲学。古人说，听君一席话，胜读十年书。那么，现实呢？倾听智者点拨可以拨云见日，倾听老人娓娓道来可以了悟人生，倾听历史可以以古鉴今，倾听伟人可以壮心不已，倾听名曲可以点燃精神的火花……对别人诉说自己，是人的一种天性；听别人诉说自己，则是人的一种

教养。耳听八方，我们才能与时俱进、保持清醒的头脑、启迪思维；才能增长自己的知识与才干。当然，这一切的前提就是要学会倾听。

俗话说，苍蝇飞不进闭着的嘴里。只有最烂的车轮才会在行走时发出最大的噪音。有智慧的人，总是把嘴巴放在心里；而愚昧之人反而把心放在嘴巴里。如果你知道这话是有害和不实的，就别说；如果知道是有益却是虚假的，也别说；如果知道是有害却是真实的，一样不说；而知道是有益且真实不虚时，则该伺机再说。

一个社会学家曾经说过这样一段话：一个民族如果缺乏逻辑思维能力，没有理性的讲道理的习惯，那么就只有靠大声来表达自己的意志，因为大声才能够吸引人们的目光。在一个没有开化的民族那里，声音的大小常常就是对错的分界线。这也告诉我们，人只有安静了才能够从容，安静了才能够有办法、有智慧、有内涵，才不会在喧哗与浮躁中失去精神内涵，一个人是这样，一个民族的精神同样是这样。

去做一个善于倾听与专注的人吧，这样你一定能够保持一份宁静的心态。一个人学会了倾听，那意味着什么呢？就是，他心目中开始有了他人，知道尊重一个人了。难道你不想这样吗？

禅言慧语

言语就像树叶般，愈是树叶茂密，愈是难找到丰美的智慧果子。那些虽知自己是正确而能沉默到底的人，最能发挥强大的力量。

学会倾听也就学会了生活。我们一般人总是自己忙着讲，智慧的人却是忙着听别人讲。那些真正有智慧的人不用多说，即能正确传达思想；愚昧之人即使滔滔不绝，也说不出所以然来。所以，适时闭上嘴巴，打开耳朵，苍蝇飞不进闭着的嘴里。倾听是一种姿态，是一种与人为善、心平气和、谦虚谨慎的姿态。我们有了这种姿态，才能做到海纳百川、气定神闲、有容乃大。

不听是非，不传是非

菩提一叶

某地有一座寺院，神台供着一尊观音菩萨像，大小和一般人差不多。因为有求必应，因此专程前来这里祈祷、膜拜的人特别多。

一次，寺院的看门人对菩萨像说："我真羡慕你呀！你每天轻轻松松，不发一言，就有这么多人送来礼物，哪像我这么辛苦，风吹日晒才能温饱？"

突然，他听到一个声音，说："好啊！我下来看门，把你变到神台上。但是，不论你看到什么、听到什么，都不可以说一句话。"

看门人觉得这个要求很简单。于是观音菩萨下来看门，看门的先生上去当菩萨。看门人依照先前的约定，静默不语，聆听信众的心声。来往的人潮络绎不绝，他们的祈求，有合理的，有不合理的，各种祈求千奇百怪。但无论如何，他都强忍下来没有说话，因为他必须信守先前的承诺。

有一天，来了一位富商，当富商祈祷完后，竟然忘记手边的钱便离去了。他看在眼里，真想叫这位富商回来，但是，他憋着不能说。接着来了一位衣衫褴褛的穷人，他祈祷观音菩萨能帮助他渡过生活的难关。当要离去时，发现先前那位富商留下的袋子，打开袋子，里面全是钱。

穷人很高兴，连声说道："观音菩萨真好，有求必应。"万分感谢地离去。神台上伪装观音菩萨的看门人看在眼里，想告诉他，这不是你的。但是，约定在先，他仍然憋着不能说。接下来有一位要出海远行的年轻人来到，他是来祈求观音菩萨降福平安。正当要离去时，富商冲进来，抓住年

轻人的衣襟，二话没说，要年轻人还钱，两人吵了起来。

这个时候，看门人终于忍不住，遂开口说话了……既然事情清楚了，富商便去找看门人所形容的穷人，而年轻人则匆匆离去，生怕搭不上船。这时真正的观音菩萨出现，指着神台上的看门人说："你下来吧！那个位置你没有资格了。"

看门人说："我把真相说出来，主持公道，难道不对吗？"

观音菩萨说："你错了。你把话都说乱了。那位富商并不缺钱，他那袋钱不过用来奢侈浪费，可是对那穷人，却是可以挽回一家大小生计；最可怜的是那位年轻人，如果富商一直纠缠他，延误了他出海的时间，他还能保住一条命，而现在，他所搭乘的船正沉入海中。"

俗话说，无事莫把闲话聊，是非往往闲话生。

在生活中说话的机会很多，可是，要想说得有意义却没那么容易。比如：解决他人烦恼，加强彼此沟通了解，调解别人的矛盾等，这些都需要用正确的语言和正确的表达。

如果只是在制造是非，则自己与他人，常常都会两败俱伤。常常可以听到有人说"我的领导怎么怎么不好，几块钱的报销都斤斤计较"、"我的一个同事就会在上司面前打小报告"等等诸如此类的评论。有时候会听到一些人说"谁谁谁很不好"，你就当随便听听了。如果我们没有与当事人相处过，也并不了解实际情况，千万不要再去宣传，因为，人往往透过主观来评断人、事、物，难免与事实是有所差距的。如果真的听进去了，又依据他的话加以二次诽谤，那不就太没有自己的主见了吗？

而现实中的我们，常会犯的一种毛病，那就是喜欢给别人讲道理、摆事实，如果看到不好的现象，常喜欢妄加批评，而忘了自己最初的目的。台湾的一个文殊道院里挂着四大根本戒规这样写道：不说是非、不听是非、不传是非、不打妄语。看看，是不是全都跟我们的这张嘴有关？

古人说："言语简寡，在我可以少悔，在人可以少怨。"所以话多不如话少，话少不如话好。再则，语言最容易积德，比如，看到人家做善事，发言赞美；见人为恶，善言规劝；人有争讼，做和事佬；人有冤抑，协助辨明。不揭人隐私，不自赞毁他人，这都是善德之语。

有人说，说话是我的权利，谁也不能拦着，但同时，说话也是一种责任，如果我们将说话视为一种"享受"，不想负责任，最后很可能因为话太多而伤害了自己。而更为可怕的是，一般说人是非的人，都会不自觉地为自己辩解："这人真的就是这样！不是我在说他的是非。"

古人说，动乱的产生，以语言为先锋，人惹祸害，也以语言最为厉害。《尚书》中这样记载：语言不合义理，正好招致羞辱。《诗经》中也说道："白珪之玷，尚可磨也，斯言之玷，不可为也。齿颊一动，千驷莫追。"这段话的意思就是，如果一块白玉有了缺损，还可以磨得平齐，但是语言失当，就无法补救了。即使一千匹快马，也追不回来你已经说出去的话。

相当多的人喜欢说长道短，搬弄是非，导致人与人之间互相猜疑，搞窝里斗。那么日常生活中我们应该如何说话呢？这里归纳为三点：

第一、正直的话去除绮语。我们说话要说正当的话、真挚的话。绮语如花言巧语，会让人上当受骗。这种有违真心的绮语，不但令人不予信任，还会折损本身的福德，所以我们要说正直之语，正直语，才是合乎道理的语言。

第二、柔软的话去除恶口。对别人说话要说亲切的语言、柔和的语言。亲切的语言，别人听了舒心；柔和的语言，别人听了必定很欢喜。因此，不可口出恶语，毁訾他人，不仅让别人烦恼，也让自己丧失意志。

第四、实话去除妄语。妄语就是"见言不见，不见言见；法说非法，非法说法"，我们说话，要说真实话；说了真实的好话，还要与自己的言行相符，这些话才能给人相信、给人接受。养成说真实语的习惯，才能去除妄语的坏习惯。

"薄薄两片皮，说好说坏都是你。"俗话说，轻信道听途说，就像一只傻狗，别人随便扔了一块石头就急忙跑去捡。一味的谈论是非，只会蒙蔽自己的心性，障碍解脱之道，谈是非时，内心呈现的是纷扰的情况、不安

的状态。而且，"说人者人恒说之"，若不谨言慎行，可以预见的，这个人将永难挣脱是非的困扰了。

有副对联这样写道："静坐常思己过，闲谈莫论他非。"我们有时间，最好静下来，常常思考我们本身有没有什么过失，不要一天到晚向人家搬弄是非，讲人家的长短，不要去讨论人家的对或者不对。

禅言慧语

宋朝怀深禅师曾经有一首诗，劝告我们要守口德，也很有意义："莫说他人短与长，说来说去自招殃。若能闭口深藏舌，便是修行第一方。"两个人吵架，甲对乙说你很主观，乙对甲说你并不客观，主客二观，无所谓标准，而是非永远存在。

慧律禅师也说过，若无"是非"挂心头，便是人间好时节。我们绝不可揭人疮疤或搬弄是非，而要懂得找出理由去赞美别人。当你想批评别人的时候，你要咬紧舌头；当你想赞美别人的时候，你要随口说出。

觉悟

JUEWU

不是所有的鼓励都对

当你鼓励别人时，若不顾及现实，那么再好的言语都没有用的。
——禅语

菩提一叶

湛元法师，是仙崖禅师门下一位勤奋好学的徒弟。他想到京都参学，又不敢开口对师傅说，于是只好央求崇福寺的昙荣和尚帮忙。

仙崖禅师听昙荣和尚转述后，点头赞许。湛元获知师父已首肯，便欢欢喜喜地回寮收拾行李，准备启程。

临行前，湛元向仙崖禅师告别："师父，徒弟要外出参学，请师父慈悲，为弟子开示一句。"

仙崖禅师二话没说，即刻拿起棒子，当头就是一棒。湛元莫名其妙地挨了一棒，也不知道为什么，心里猜测是师傅不愿意，就只好退了回去。

昙荣和尚问仙崖禅师："你不是已经答应让他去参学了吗？为什么还要给一棒呢？"

仙崖禅师回答："我不是反对他去，只是等他学有所成后，就是一名学者了，我总不能对学者挥拳吧？"

还有一次，仙崖禅师准备外出弘法，有一位徒弟诚恳地拜托师父带他去。仙崖禅师说："你常听我开示，如果能说出一句受用的话，我就带你去。"

谁知道这个弟子竟茫然许久，不知如何开口。仙崖禅师借机教育他："你跟随我二十年，连一句话都没有记得，现在跟着我外出弘法，又有什么用呢？"

据说，希腊大哲人苏格拉底很"惧内"，他的妻子珊蒂柏是有名的悍妇，常做河东狮吼。每当苏格拉底从外讲课或论辩归来，趾高气扬不可一世之际，珊蒂柏便是一顿训斥，苏格拉底稍有辩解，迎面便是一盆冷水泼来。苏格拉底顿时清醒，悟得自己学问尚浅，还得钻研，不可自傲。于是自己就雍容大度地解嘲道："我早知道，雷霆之后必有甘霖。"于是学问日进，终成大家，与悍妻常泼冷水也不无关系。

时下，不论是经济建设、学术研究、职场生存等都弥漫着浮躁、浮夸、肤浅之风，有许多无原则的鼓励、肉麻的吹捧、泛滥成灾的炒作，那讨人嫌、煞风景需要勇气胆识和智慧的泼冷水就愈显得其珍贵，正所谓"千士诺诺，不如一士谔谔"。

诚然，我们都喜欢被赞美和鼓励，学习有进步了，工作取得成绩了，待人接物成熟了，想得到老师、上司、朋友的鼓励是对的，但是最忌讳的是无休止的鼓励，往往存在的问题还没点到，就开始"再接再厉"，最终盖住了本来发现的小问题，使得问题越来越多。

鼓励好，鼓励愈多愈好，这几乎成了人们生活中的常识。考学的时候，被告诫蔑视所有人才能取得成功；工作的时候，鼓励劈风斩浪才会让自己脱颖而出；遇到困难的时候，鼓励学习某某精神。面对困难，我们总是说出"前无险阻、克服一切困难"……

其实，一味的对别人鼓励如同一味的惩罚，并不可取，流于形式的鼓励会让激励作用贬值。尤其是不假思索、脱口而出的随意性鼓励，不但起不到积极的作用，反而容易会使被鼓励的人形成随意的态度。

有个故事是这样的：一个醉汉撞上了一处停车标志杆，他醉醺醺地往后退了一步，又继续按照原来的方向往前走。结果，他又一次撞到了杆上。他后退了几步，等了一会儿，又继续朝前走，还是撞到杆上了。于是，醉汉抱住杆，向杆投降说："没办法了。我被包围了。四面八方都走不通。"

一个低成就的人和这个醉汉处境类似。对他而言，每一个困难都是无法回避的停车标志杆，除了抱杆投降，别无他法。很多时候，称赞的语言无法鼓励低成就的人，因为他通常很自卑，即使你告诉他"你很聪明，你很能干，你可以做得很好"，也根本起不了作用。低成就的人很可能会这样推论："只有那些愚蠢或者不诚实的人才会说我聪明。"

很多时候，你会遇到过不去的坎，就跟醉汉无法正确走路一样。那么，即使再多的鼓励也没有作用，你所能做的就是绕过而行，实在不能绕，就立马放弃，否则只会用鼓励去推动别人做一些无用功。

俗话说，太多的东西容易让人游移不定，拿不准主意。同理，太多的鼓励也会混淆视听。不要以为越多的鼓励就是好事，因为在学习的过程中，没有当头棒喝，没有刻骨铭心的体验，也难以将一个事理透彻了解。

还有一个问题就是很多时候，你的鼓励毫无技巧可言，所以只能靠反复的表述来执行。譬如："你好棒！""只要你肯做，你肯定能做得最好。"类似这样戴高帽、拍马屁的鼓励多了，根本起不到鼓励的作用，只会是泛泛而谈。

古语说"气可鼓而不可泄"，这也要区别对待，该鼓气时要鼓，该泄气时也不妨要泄，眼见哪个要往坑里跳，就要拉他一把。泼冷水，当然不及灌"迷魂汤"受欢迎，但良药苦口，忠言逆耳，时不时吹点凉风，泼点冷水，可使人头脑清醒，戒骄戒躁。

禅言慧语

人生的路上，做事需要坚持，但前提是必须可行。如果付出多多，还看不到成功的希望时，我们应该想想，这条路是否真的适合自己，适合自己的路在哪里，然后，及时反省，重新审视，调整方向。对于旁人来说，对别人的努力不要一味地鼓励，如果发现努力的方向不对，那么泼冷水的提醒或许更有益！

没有时间老

活着一天，就是有福气，就该珍惜。当你哭泣你没有鞋子穿的时候，你发现有人却没有脚。——禅语

菩提一叶

佛光禅师是中国历史上有名的禅宗大师，他与大文豪白居易颇有交往。白居易生平的志行可概括为"外以儒行修其身，内以释教治其心，旁以山水风月歌诗琴酒乐其志"。这与佛光禅师不无关系。

在公元832年，白居易重修洛阳香山寺，并与佛光如满禅师结香火社以修佛事，发愿往生西方，不怠不惰，以迄终年。

有一天，佛光禅师门下弟子大智，出外参学二十年后归来，正在法堂里向佛光禅师述说此次在外参学的种种见闻。佛光禅师总以慰勉的笑容倾听着，最后大智问道："老师！这二十年来，您老一个人还好？"

六

缘来缘去，智慧清凉：摒弃喧嚣

佛光禅师道："很好！很好！讲学、说法、著作、写经，每天在法海里泛游，世上没有比这种更欣悦的生活，每天，我忙得好快乐。"

大智关心似的说道："老师！应该多一些时间休息！"夜深了，佛光禅师对大智说道："你休息吧！有话我们以后慢慢谈。"

清晨在睡梦中，大智隐隐中就听到佛光禅师的禅房里传出阵阵诵经的木鱼声，白天佛光禅师总不厌其烦地对一批批来礼佛的信众开示，讲说佛法，一回禅堂不是批阅学僧心得报告，便是拟定信徒的教材，每天总有忙不完的事。

好不容易看到佛光禅师刚与信徒谈话告一段落，大智争取这一空当，抢着问佛光禅师道："老师！分别这二十年来，您每天的生活仍然这么忙着，怎么都不觉得您老了呢？"

佛光禅师道："我没有时间老呀！"

"没有时间老"，这句话后来一直在大智的耳边响着。

188

有很多人本来还很年轻，但心力衰退，他就觉得老了；有的人年寿已高，但心力旺盛，仍感到精神饱满，老当益壮。这到底是为什么呢？

佛光禅师的"不老"，因为他对日复一日的平凡工作乐此不疲。但是现实中的我们是如何做的呢？有人觉得工作就是累赘，天天一睁眼就感到工作的痛苦；有的人在工作中，纯粹是得过且过，糊弄一天是一天；还有的人总是期盼着下一份工作，老觉得自己的工作平淡无奇，埋没自己的才能……他们往往认为工作索然无味，其实，无论何种工作，其实都大同小异，保洁员在重复做扫地的工作；编程员在重复的修改代码；经理在重复的谈判签单……所以说，工作内容虽然不同，但是工作的本质是一样的。

即使工作很平凡，但是我们的工作应该是快乐、率性而为的。如果在工作中寻找乐趣，那么整个人生都是快乐、幸福的，毕竟人每天的三分之一时间都在工作。因此，真正的幸福就是能自动培养工作兴趣而愉快地工作。

所以说，热爱自己本职的工作不仅是一种智慧，也是一种态度。许多事业有成的人、取得成绩的人，都是对工作非常热爱、非常投入的人；热爱工作、热爱你的经营、热爱你的生意是管理者事业成功的基本条件。举个简单的例子，马克思把最平凡的查询资料、不断的访问工人一直重复着，总结斗争经验，用四十年才写就了一本《资本论》，难道你能说平凡的工作、重复的工作做不出成绩吗？

很多人对自己的某种爱好乐此不疲，不知困倦，工作也如此，如果你不感兴趣，就不会产生热情，精神与肉体都容易疲倦，工作就会变成无休无止的苦役，这是非常可怕的事情。反之，对工作具有兴趣和爱心，就不仅会积极热忱地工作，同时会从工作中享受到很大的乐趣。禅师能够二十年不厌其烦的对礼佛的信众开示，讲说佛法，批阅学僧心得报告，拟定信徒的教材，这些日复一日的忙不完的事却让他的心情无比舒畅，让他有"没时间老"的感悟。

禅师所说的"没有时间老"就是心中没有老的观念，孔子说："其为人也，发愤忘食，乐以忘忧，不知老之将至。"禅者人生观也是如此。曾有一位老翁，白发苍苍，有人问他高寿，他答四岁，大家惊讶，他说："过去七十年都为自己而自私自利的生活，毫无意义，这四年来才懂得为社会大众服务，觉得非常有意义，所以才说活了四岁。"没有时间老，很好，不能的话，做个四岁的老翁，也很有意义。

一个哲人说："人的生命只有两种方式，一种是当一个人出生的时候，他就开始了学习怎样的走向坟墓，他的漫长的一生，只是一个通向死亡的路程；另一种人则不，他们将学会让生命怎样的成长，他会向生命的深处扎下自己的根，从那里吸取不尽的营养；他们会不断地去探索生命的意义，他们将一步步地走进另一扇门——生命的永恒。"在忙碌中没有时间老的佛光禅师，他走的正是一条让生命不断成长的路。

一项研究数据表明，如果一个人对工作的积极性高，就能发挥出全部才能百分之八十到九十；如果一个人对工作没有兴趣，就只能发挥他百分之二十到三十的才能。

因此，我们要学会从工作中寻找乐趣，而不是等待发生能给我们带来乐趣的事情；要学会热爱工作，把工作当作事业来做而不过多去计较得失；不只把工作当作谋生的手段，而把它看作发展自己潜能与天赋的机会，这就是成功人生的不二法门。

我们的身体会衰老，但我们的心却可以是空旷明亮的，是可以超越一切的，是可以率性地接受一切的，对钟爱的人和事全神贯注，哪儿还有时间老？又有什么能让我们老呢？当一个人没有时间去老，没有时间去叹息年华似流水、岁月催人老的时候，他的心灵里岂不是每天都吹着浪漫的风、燃着希望的火、飘着激情的云、开着幸福的花？这样的人，他怎能会有时间去感受自己的老呢？

禅言慧语

佛家有言，职业易生比较心，事业易生功利心，而志业是启发人本具的爱心、良知，使人无所求的付出。怎么样能够在工作中找到知足？怎么样能够在工作中找到乐趣？就是人不应该成为工作的奴隶，而要成为工作的主人，一旦你当了工作的主人以后，你不是工作的奴隶了，你就能找到快乐。

你简单，生活就简单

你硬要把单纯的事情看得很严重，那样子你会很痛苦。——禅语

菩提一叶

有个老和尚种了一株名贵的兰花，那兰花分外美丽，花繁叶茂暗香袭人，但老和尚此时要出门，于是他把兰花交给了小和尚，嘱咐他一定要照

看好。

但谁想到有一天晚上狂风暴雨，小和尚忘记把兰花搬到房子里了，于是盆破土倾，好好的兰花转眼成了残苞败叶。老和尚回来后，看到兰花成了这个样子，不由叹息一声。小和尚吓坏了，以为他一定会被重重责骂。但老和尚居然笑了，小和尚更吓坏了，以为师父是气坏了。

老和尚却说了一句："兰花坏了就坏了吧，想当初我种兰花是为了修身养性愉悦身心，哪里是为生气的？如果为生气种兰花我就不必种了！"

小和尚开悟了。如果我是为了烦恼来到人世间的，那我何苦来此一遭？生命应该是一树繁花，应该开得灿烂而美丽啊。

早在1928年，英国经济学家凯恩斯就曾预言："有史以来，人类将首次面对一个真正永恒的问题——如何利用工作以外的自由与闲暇，过快乐、智慧的美好生活。"过去的价值观在这个世纪产生了巨大的动摇，令人怀疑和厌倦，不少人甚至宁可放弃高收入和为事业疲于奔命的生活方式，而选择少赚钱、少消费和求得快速成功，换取更多的自由时间，去过一种比较轻松的生活。

外国文学里有装在箱子里的人，那么，我们现在可以算是"装在袋子里的人"——背负着功名利禄的重压，承载着妻女车房的幸福，而幸福被设立了无数的量化标准，早已不再是内心的微妙体验。例如：有为青年、"好丈夫"、"好男人"、被同事钦佩得到上司器重的部下、被市场调查人员归为最有望买车的潜在客户、被房地产商亲切地称为未来的业主，此外，还被视为最需要上MBA的中层、最有可能开公司的男人……各式各样的袋子会永远挂在身上，逼着我们生命不息奋斗不止。

有人说："我希望生活越繁复越好，越忙越好，越累越好，越不简单越好——其实，我很想过简单生活——只是，没挣够安身立命的银子之前，实在不敢简单。"

还有人说，很多时候，我们只是谈谈简单生活而已，因为得不到，才

心向往之。况且，虽然是理想生活之一种，但你果真过上了，也并不一定就让人心跳得不能自已。

还有一个问题是，到底什么是简单生活，是"一箪食，一瓢饮，在陋巷，回也不改其乐"，还是吃腻了肉之后想喝口稀粥换换口味？相信大部分人认同后者。倘如此，问题就来了，要想过上简单生活，你必须先过上不简单的生活。

其实，这些人都没有理解简单生活的本质所在。世界很精彩，我们为了简单生活去排斥，那样既不现实，也无可能，我们所说的简单就是保持一种自由的心态，不给自己的物质生活带来过多负担。过自己想要的生活，同时只去争取自己想要的东西，而不是被这个新事物层出不穷的年代牵着自己的鼻子走。为太多的事物所诱惑，说不清自己想要什么，又好像什么都想要，这样的生活就无法简单起来。

简单生活不是浮躁。有的人每天下班后不是在谈事，就是在酒吧和朋友一起 Happy。折腾了几年下来，才发现这些事情非常耗费时间和精力。等他终于大彻大悟，放弃了很多从前很看重的机会，现在每天下班就按自己喜欢的方式去生活。其实，工作过后我们需要一个可以让自己松弛的方法。幸福的生活可以很简单，不需要华丽的物质，只需要有自己喜欢的人，有自己喜欢的东西即可。享受生活并不等于享受物质，重要的是要了解自己的需要。

简单生活应该是一种心理状态，而不是简简单单地只讲物质上的东西。有人的简单生活就是中午吃一顿三鲜米线，晚上能吃上老婆做的美味，吃完后抽支烟，然后泡一壶茶，打开体育频道看看足球比赛，或者上网和网友聊天。

简单还应该是精神享受。过简单生活一定要有自己的精神基础，如果没有自己内心的宁静，或者说没有丰富而充满活力的精神世界，走到哪里，都不可能找到纯粹的宁静的世界。绝对的简单生活方式有很多不现实的地方，去体验这种生活的人实际上是在压抑自己。

生活是一个又一个渴望，旧的渴望满足了，新的渴望又产生；生活是

觉悟

J U E W U

当你认识到无法改变目前一切时开始懂得顺其自然；生活是很多男人跟很多女人在一起，时而和平共处时而争斗不断……总之，生活往往超出了我们的想象，但你简单了，生活也就简单了。

禅言慧语

任何刻意的生活，都是没有乐趣的。简单生活方式，就是"率性而为"。舒适是原则，穿衣服不一定是名牌，但它一定要舒适；不一定要住高楼大厦，但要住得舒心。

简单生活，并不排斥物质，精神生活是建立在物质生活之上的，但物质生活不能约束自己。我们用钱做各种投资，不是为赚钱而赚钱，而是想利用自己的智慧让自己有基本的生活保障，帮助我们去做有助于自己精神成长的事。

无处不宁静

如果你真的清净下来，那么你还求什么净土呢？ ——禅语

菩提一叶

有一位虔诚的佛教信徒，每天都从自家的花园里，采撷鲜花到寺院供佛，一天，当他正送花到佛殿时，碰巧遇到无德禅师从法堂出来，无德禅师非常欣喜地说道："你每天都这么虔诚地来以香花供佛，依经典的记载，常以香花供佛者，来世当得庄严相貌的福报。"

信徒非常欢喜地回答道："这是应该的，我每天来寺礼佛时，自觉心灵就像洗涤过似的清凉，但回到家中，心就烦乱了，我们一个家庭主妇，如何在喧嚣的城市中保持一颗清净纯洁的心呢？"

六

缘来缘去，智慧清凉：摒弃喧嚣

无德禅师反问道："你以鲜花献佛，相信你对花草总有一些常识，我现在问你，你如何保持花朵的新鲜呢？"

信徒答道："保持花朵新鲜的方法，莫过于每天换水，并且于换水时把花梗剪去一截，因花梗的一端在水里容易腐烂，腐烂之后水份不易吸收，就容易凋谢！"

无德禅师道："保持一颗清净纯洁的心，其道理也是一样，我们的生活环境像瓶里的水，我们就是花，唯有不停净化我们的身心，变化我们的气质，并且不断地忏悔、检讨，改进陋习、缺点，才能不断吸收到大自然的食粮。"

信徒听后，欢喜作礼感谢说道："谢谢禅师的开示，希望以后有机会亲近禅师，过一段寺院中禅者的生活，享受晨钟暮鼓、菩提梵唱的宁静。"

无德禅师道："你的呼吸便是梵唱，脉搏跳动就是钟鼓，身体便是庙宇，两耳就是菩提，无处不是宁静，又何必等机会到寺院中生活呢？"

古代很多的先德们都说过："热闹场中作道场。"宁静，只要自己息下妄缘，抛开杂念，哪里不能宁静呢！深山古寺是宁静，但如果自己妄想不除，就算住在深山古寺，一样无法修持，禅者重视"当下"，何必明天呢？"参禅何须山水地，灭却心头火自凉。"即此之谓也。

过腻了嘈杂的生活，我们便思念起宁静的好处。于是总想找一块净土，慰藉自己那饱受人世喧嚣折磨的心灵。有人说，城市里钢筋铁骨、纸醉金迷和喧嚣让自己无法静心来寻找自我、体会宁静。诚然，我们无法改变这种喧闹，也不太可能逃离这个世俗的包围，但是我们需要的是内心的一片净土和安静。

其实，我们的心本来是自然的、清净的，没有造作，不染纤尘。如同静静的湖水，内不涌动，外无波澜，映现万事万物，明明朗朗。而心的这个"本来"，被无明烦恼障蔽后，变得杂乱垢染，念念无常，如同湖面起了波涛。

芸芸众生，世俗的人，有多少人迷失在宦海情场，沉醉于邪恶罪孽之中，"名利声色汩其神识，酒膏醴醪昏其心志"。很多人想让自己解脱、让自己活得轻松，可他们即便在睡乡梦境，也无片刻安宁：想着孩子上学、自己升职、基金赚了多少……这样，如何才能让自己宁静下来呢？

人生如逆水行舟，生活得很累。时常都有不如意的事在你身边发生，有意想不到的流言蜚语中伤你，使你不得安宁，所以追求宁静成了许多人的梦想，但不是每个人都能享受到真正的宁静。

从名利场中退却时，你可能会为不需向达官显贵唯唯诺诺、点头哈腰，不需勉强自己、伪装人生而感受一时静谧。然而寂寞也同时油然而起，你不再被人们关注、不再被人们追逐、不再有名利权势。舍不下这一切的，自然感到失落和寂寞。

其实，我们更需要做的是怎样去寻找一处心灵的家园，不要忘记那份生命的担当。世人为了寻找心灵的宁静，往往会选择逃避，或者归隐田园，或者消极厌世。但很少有人向内心去寻找，退入心灵开辟一方净土，在获得宁静的同时，也凝聚了担当的勇气。在这种平和的坚守中，我们能感受一种自信和力量。作为社会的一分子，我们每个人都承担着一份责任，对于事业、对于家庭、对于社会，不管情愿不情愿，扮演好自己的角色是每个人的义务，也是我们生命的价值所在。

那些真正能享受宁静的人，一定会做到淡泊人生，超然处世。这样才能从声色繁华中超脱出来。在宁静中深思，才能具有大智大慧去把握纷繁的人生和无穷的宇宙。古往今来能达到这一境界又有几个？陶渊明的桃花源，虽然是落魄之士聊以自慰的话题，但是依然道出了宁静生活的美丽。

老子说："吾有大患，为吾有身。身为苦本，心为罪源。"身体是痛苦的根本，而妄心是罪恶之根源。在你不能左右自己的时候，不妨在脑海里想象一下：在你失败的时候，被人贬得一文不值，处处遭遇别人冰冷的眼光。而在你成功后，周围的一切都发生了极大改变，四面都是羡慕、阿谀奉承的眼光。将前后两种对比一下，此时在你脑中想的应该一定是改变自己的命运——努力朝前奔！这时，就算在怎样的喧嚣环境里，你也能心如止水吧。

六　缘来缘去，智慧清凉：摒弃喧嚣

"能统领百万大军的人，没有什么伟大；一个人能超越自己，才是世界上最伟大的人。"一个人，财富的数字是表面的，拥有心灵的智慧和宁静才是生活的本质。世间人不能回光返照，每天向外追求，离开了觉悟的内在，迷惑于外在的境界。从早到晚朝朝暮暮，随境迁流，背道而驰，摸不着自己的脸孔，见不到自己的本来面目，这种人生是可怜的。

在当今喧哗的商品社会里，人需要修养，需要宁静。宁静是药，这不仅是指宁静的环境，更是指有一份宁静的好心情。我们说宁静是药，并不是泯灭人的七情六欲，放弃积极的追求。宁静其实是不以物喜，不以己悲，淡泊为怀，知足常乐。宁静是一种境界、一种信念、一种自尊、一种大智大勇。认识宁静的价值，在喧嚣的生活中去追求宁静，从某种意义上来说，也是对我们每个人的人生考验。

 禅言慧语

我们一定要用智慧，随时去观照自己的心念，是不是对色身起执著？是不是固执己见？如此慢慢摆脱对自己身心错误的妄执和贪恋，能够超越自我的身心，你就渐渐走上觉悟。"无所住而生其心"，"不离世间觉"就是要你不贪恋，不为物所役，不受制于环境，化烦恼为菩提。这和"无欲则刚"异曲同工。没有了贪欲、物欲、偏执欲……世上还有什么能伤害到你？以清净心、清净行，做好你生活中的每一件事，尽好你应尽的每一份责任，简言之，好好生活，这是每一个人应有的态度。

等待中的机会

创造机会的人是勇者，等待机会的人是智者。——禅语

菩提一叶

佛祖有一次和一个比丘出游，恰好那天特别热，两人走了一段路之后，就上气不接下气，嗓子眼里像冒烟似的难受。

佛祖吩咐比丘说："我们刚才不是刚刚渡过一条小河吗？那儿的水清澈甘甜，你去弄些来解渴吧。"比丘就捧着佛祖的金钵去了。

过了一会儿，比丘空着手回来了，禀告佛祖说："小河那边有一拨贩卖布匹的商人，他们的马在那儿撒欢追逐，把整条小河的水都弄脏了。不如我们再走两个时辰的路，到前面的另外一条小溪去吧。"

佛祖皱了皱眉头，回答道："牛羊不吃身边的草，却要翻山越岭吃山对面的沙子，世界上有这样的事吗？我们现在渴得要死，为什么还要走两个时辰的路去找水喝呢？你还是再回去一趟，取些水来解渴吧。"

比丘心里虽然一万个不愿意，但还是按照佛祖的吩咐回到那条小河那儿。

但是让他大吃一惊的是：才这么一来一回的工夫，原来的那拨人马都不见了，整条小河又恢复了第一次见到时的清澈和平静，好像什么事情都没发生过一样。

没有永远混浊的河水，与其舍近求远地乱碰运气，不如等待一时，机会总会来临。这就是佛祖的智慧。

在漫长的人生旅途中，总有一段除了等待以外再也没有任何方法可通过的阶段。人不是万能的，总有好多事情自己没能力解决而无可奈何。为了更好地生存和发展，在这个阶段，我们必须等待。

急功近利几乎是人类自古以来的通病，于是以心急吃不了热豆腐来告诫后人。人是需要有积极进取的思想境界，但在实施这一过程中，等待是无法避免的，关键是我们应该如何看待它，不要以为等待是懦弱，更不要因等待的无奈而退却。

姜子牙用没有线的鱼竿钓了十年鱼，才把周武王"钓"出来，然后就

缘来缘去，智慧清凉：摒弃喧嚣

成就自己灭纣兴周的伟业；诸葛亮或泛舟江湖之中，或访高人山岭之上，或寻友村落之间，貌似闲云野鹤、世中神仙，其实是"聊寄傲于琴书兮，以待天时"。

其实，任何美好的结果都是"等"出来的，冰冻三尺，非一日之寒嘛。无论你想成为总统、作家或者是武林高手，都需要有时间的积累吧？

在有些人的眼中，等待常常被视为软弱。而实质上，等待是一种理智，是一种美德，是一种成熟，是在经历了暴风骤雨的洗礼后，自然所生的一种涵养。

等待能够磨炼人的意志，使人处世沉稳；等待可以使人以坚强的心志和从容的心态面对人生。等待是一种追求的策略，一个追求更大成功的人，往往在关键时刻，不得不忍气吞声地等待。

等待并不是懦弱地躲避，而是有意识地忍耐，为的是有朝一日东山再起。假如不懂得暂时忍耐委屈，很可能因为意外的摩擦而付出更多。如果懂得有效地等待，则可能获得机会，争取更大的发展。只要你能洞悉其间的差别，都会愿意等待的。

有一个古老的故事：寺院里的小和尚，为了给贫穷的父母攒点儿钱，偷了寺庙里的香火钱。老禅师装作不知道，仍一如既往地对待小和尚，教他练习经文，并让他来清点香火钱，还拿出自己的私房钱让他补贴家用。终于有一天，小和尚痛哭流涕地向老禅师承认了错误……我们不禁为这位老禅师的耐心所感动，为他对小和尚的等待而肃然起敬！由此，反思一下我们现实，是不是你也该学会了等待呢？我们常常对别人的对错严加责罚，实际上，一个好品质的养成，一个不良品质的矫正，都不可能是一蹴而就的。这时，要学会等待，等待后进生的转化，等待"千年的铁树开花"。

不要因为一次失败就打不起精神，每个成功的人背后都有苦衷。即便像太阳那样辉煌，有时也被浮云遮盖了阳光。你的才华不会被永远埋没，除非你自己想把前途葬送，你要学会等待和安排自己，要当英雄何妨先当狗熊？怕只怕对什么都无动于衷。河上没有桥可以等待结冰，走过漫长的黑夜便是黎明。

人的一生，过程注定不会是一帆风顺的，他们常常有成功、有失败，有高潮、有低潮。在这一点上面，杜威明确地表示：坚持天天进步就是做到最好了。所以，无论是身处顺境、逆境，我们都应该学会在等待中寻求自身更高、更强、更快、更好的发展。

🍃 禅言慧语 🍃

有所期待、能够等待是幸福的，学会等待、善于等待则是睿智的。其实追求的价值，就在于等待之中。等待不是消沉、气馁、绝望，而是一种直面现实、正视现实、重聚力量寻机突破的表现。

一味追求结果，忽视过程的人怎么会领略到等待的那种复杂、彷徨、甜美的滋味呢？在等待中，我们体味艰辛、咀嚼痛苦、感受无奈、沐浴忧伤……正是等待积累了我们的人生底蕴，丰富了我们的人生内涵，也让我们在等待中把这世界以及自己看得清清楚楚、明明白白、真真切切。聪明的等待赋予了人生别样的魅力！

挫折让你更成熟

> 挫折是成长必经的过程，能勇于接受挫折的人，生命就会日渐茁壮。——禅语

🍃 菩提一叶 🍃

一个屡屡失意的年轻人千里迢迢来到了普济寺，慕名寻到了高僧释圆，沮丧地对老僧说："像我这样屡屡失意的人，活着也是苟且，还有什么用呢？"

高僧释圆如入定般坐着，静静听着这位年轻人的叹息和絮叨，什么也

不说，只是吩咐小和尚说："这位施主远道而来，你且烧一壶温水送过来。"小和尚诺诺着去了。

不一会儿，小和尚送来了一壶温水，释圆高僧抓了一把茶叶放进杯子里，然后用温水沏了，放在年轻人面前的茶几上，微微一笑说："施主，请用些茶。"

年轻人看看杯子，只见杯子里微微地袅出几缕水汽，那些茶叶静静地浮着，丝毫没有沉下去的意思。

年轻人很不解，就问释圆说："贵寺怎么用温水冲茶？"

释圆微笑不答，只是示意年轻人说："施主请用茶吧。"

年轻人只好端起杯子，轻轻呷了两口。释圆说："请问施主，这茶可香？"年轻人又呷了两口，细细品了又品，摇摇头说："这是什么茶？一点茶香也没有呀。"

释圆惊讶地说："这是名茶铁观音啊，怎么会没有茶香？"

年轻人听说是上乘的铁观音，又忙端起杯子吹开浮着的茶叶呷了两口又再三细细品味，还是放下杯子肯定地说："真的没有一丝茶香。"

老僧释圆微微一笑，吩咐小和尚说："再去烧一壶沸水送过来。"小和尚又诺诺着去了。

又过了一会儿，便提来一壶壶嘴吱吱吐着浓浓白气的沸水进来。释圆又取了一个杯子，撮了把茶叶放进去，稍稍朝杯子里注些沸水。放在年轻人的茶几上，年轻人俯首去看杯中的茶，只见那些茶叶在杯子里上上下下地沉浮，随着茶叶的沉浮，一丝细微的清香从杯子里溢出来。

闻着那清清的茶香，年轻人禁不住去端那杯子，释圆微微一笑说："施主稍候。"说着便提起水壶朝杯子里又注了一缕沸水。年轻人再俯首看杯子，见那些茶叶上上下下沉沉浮浮得更加嘈杂了。同时，一缕更醇更醉人的茶香袅袅地升腾出杯子，在禅房里轻轻地弥漫着。释圆如是地注了五次水，杯子终于满了，那绿绿的一杯水，沁得满屋子津津生香。

释圆笑着问道："施主可知道同是铁观音，却为什么茶味迥异吗？"

年轻人思忖说："一杯用温水冲沏，一杯用沸水冲沏，用水不同吧。"

释圆笑笑说："用水不同，则茶叶的沉浮就不同。用温水沏的茶，茶叶就轻轻地浮在水上，没有沉浮，茶叶怎么会散逸它的清香呢？而用沸水冲沏的茶，冲沏了一次又一次，茶叶沉了又浮，浮了又沉，沉沉浮浮，茶叶就释放出了它春雨的清幽，夏阳的炽烈，秋风的醇厚，冬霜的清冽。"

很多人害怕挫折和失意。

担心工作没有起色，抱怨生活不顺心，恼火冷淡自己，担忧孩子成绩不比别人家的……他们觉得人生不应该有这么多的失意和挫折，他们也害怕总是经历这些，因为这会挫伤他们对生活的积极性，会让他们悲观、痛苦甚至绝望。但是他们忽视了最重要的一个道理：浮生如茶。

茶叶的沉浮就好比我们人生的起伏。温水会让茶叶淡而无味，沸水却可以茶香飘散。同理，人生的起伏就好比茶香，只有在沉浮、挫折中才会逐渐成熟和完善。

生活中免不了会有挫折和悲伤，而这些也最容易传染和循环。当你遇到"挫折和悲伤"时，你是继续传递它，还是用坚持和力量去终结它？也许你忍下了一时的挫折，但是这挫折在你度过之后再次降临呢？当你在人生的高点再次被抛落谷底呢？你是像故事中的青年一样悲观还是改变那怨恨的本质？

茶叶因在沸水中浮沉才能释放出深蕴的清香，生命也只有遭遇一次次挫折，才能留下人生的幽香。

俗话说，不经历风雨怎能见彩虹？生命的光彩只有经历过沧桑才能彰显出来。浮生若茶，那些不经风雨的人，平平静静生活，就像温水沏的淡茶安稳地悬浮着，他们永远都无法领略到茶的真味，而那些饱经沧桑在风风雨雨的岁月中沉沉浮浮的人，就像被沸水沏了一次又一次的酽茶，终将溢出他们生命的脉脉清香。

只有在凛冽寒风里颤抖的人，才能感受到阳光的温暖；同样地，饱尝人生的折磨者，始能领悟到生命的可贵。挫折让强者更强，弱者更弱，挫折还是一块试金石，你对人生的态度和期望完全可以被试出。

六

缘来缘去，智慧清凉：摒弃喧嚣

世间没有十全十美的事情，人生往往会起伏不定。比方说：有钱不一定有健康；有爱情不一定有金钱；有财富却没人继承；财富爱情都有了却没时间。所以说，人生由来有缺陷，就不要怕挫折。

但是，在缺陷中，我们也可以拥有全面的人生。首先要充实内心的体验，我们往往只重视心外的知识，虽然有很多的技能，可是由于内心的体验不够，人生还是很浮面的，遇到挫折就会不振。其实要有接受的人生，也要有感恩的人生：每个人从小到大，父母养育我们，师长教育我们，社会供应我们，我们每天都在接受。我们要回馈他们就要懂得感恩，有了感恩心，就会发愤图强，做个有益社会大众的人，所以感恩心很重要。最后是有前面的世界，也要有后面的世界。有的人只知道前面的世界，只晓得向前迈进，却不知后面还有一个更宽广的世界。因此遇到困难不懂得转身，不懂得回头，于是经常在社会上撞得鼻青脸肿。

一个人喝茶的年头久了便会悟出许多的人生况味，其实人生也是一杯茶。只不过，"人生的茶"远比泡茶复杂和多变，你要遵循的是善待挫折和失意，让它们成为你人生路上的好基石。

禅言慧语

浮生若茶。我们何尝不是一撮生命的清茶？而命运又何尝不是一壶温水或炽热的沸水呢？茶叶因为沸水才释放了深蕴的清香；而生命，也只有遭遇一次次的挫折和坎坷，才能留下我们一脉脉人生的幽香！把生命看成是学习，把挫折看成是成长，把一切的泥泞坎坷，都当作是看不见的手，它推动着你，展翅翱翔。

人生就是这样一个过程。这个世界层层叠叠地向我们展开，这一刻迷离的面目，下一刻就会清晰；这一刻还在顶峰的人，下一刻就会落到崖底；这一刻不能接受的事实，下一刻就会变得容易理解。就这样，我们不断消除着自我的狭隘、偏激和片面，不断克服着无数的挫折和失意，不断用不喧嚣的心去对待人生的不如意，一点一点苏醒着，活到老，并一直醒悟到老。

七

嚣嚣红尘，有缺有漏：苦乐参半

尘本非尘，当悟身空

佛学称人世间为"娑婆世界"，即是忍受许多缺憾的世界，认为：因为失去，所以永恒；因为缺憾，所以完美。在这存在着各种缺憾人生的舞台上，我们观看着别人的喜怒哀乐，也演绎着自己的悲欢离合。但正是无数个缺憾点缀了生命的海洋，涟漪过后更留下点点余韵，让人回味无穷。正如西方谚语所说："你要永远快乐，只有向痛苦里去找。"你要想完美，也只有向缺憾中去寻找。

浮生若茶——当你面对痛苦

每个人从呱呱坠地的那一刻起，似乎就与痛苦结下了不解之缘。痛苦是无处不在的，无怪乎佛家说人世为苦海。可是痛苦在人生中出现的价值何在？对这个问题的不同回答也就造就了各种不同的人生——积极的、委靡的、成功的和失败的。

面对人生的苦痛，我们是深陷其中、不能自拔，还是勇往直前、直面奋起？

 菩提一叶

一个屡屡失意的年轻人千里迢迢来到普济寺，慕名寻到法师释圆，一口气诉说完自己的遭遇后，沮丧地哀叹道："既然活着也是苟且，生存还有什么意义呢？"

在年轻人絮叨和叹息的始终，释圆都如入定般坐着。等年轻人陷入沉默后，他吩咐小和尚说："施主远道而来，烧一壶温水送过来。"

稍顷，小和尚提上来一壶温水，释圆抓了一把茶叶放进杯子里，然后用温水沏了，放在年轻人面前的茶几上，微微一笑说："施主，请用茶。"

年轻人俯首看看杯子，只见杯子里微微地袅出几缕水汽，茶叶静静地浮着，不解地问道："贵寺怎么用温水冲茶？"释圆只是微笑不语，年轻人只好端起杯子，轻轻呷了两口。

"请问施主，这茶可香？"年轻人又呷了两口，细细品了又品，摇摇头说："这是什么茶？一点茶香也没有呀。"释圆笑笑："这是闽浙的名茶铁观音啊，怎么会没有茶香？"年轻人听说是上乘的铁观音，忙又端起杯子吹开浮着的茶叶呷两口，但细细品味后还是放下杯子，话语间多了一分肯

七　滚滚红尘，有缺有漏：苦乐参半

定："真的没有一丝茶香。"

释圆吩咐门外的小和尚说："再去膳房烧一壶沸水送过来。"

过了一大会儿，小和尚又提来一壶水，与上次不同的是，这次的壶嘴还在吱吱吐着浓浓的白气。释圆起身，又取一个杯子，撮了把茶叶放进去，又朝杯子里注了少许沸水，放在年轻人面前的茶几上。

年轻人再次俯首去看杯子里的茶，只见那些茶叶在杯子里上上下下地沉浮，与此同时，丝丝缕缕的清香从杯子里袅袅地溢出来。年轻人禁不住茶香便要去端那杯子，释圆说："施主稍候。"说着便提起水壶又朝杯子里注了一缕沸水，只见那些茶叶上上下下、沉沉浮浮得更嘈杂了，一缕更醇更醉人的茶香也袅袅地升腾而出，在禅房里轻轻地弥漫着……释圆如是地注了五次水，杯子终于满了，那绿绿的一杯茶水，沁得满屋津津生香。

释圆笑着问："施主可知道同是铁观音却为什么茶味迥异吗？"年轻人思忖说："一杯用温水冲沏，一杯用沸水冲沏，用水不同吧。"释圆道："施主说的对。用水不同，则茶叶的沉浮就不同。用温水沏的茶，茶叶只能轻轻地浮在水上，没有沉浮，何来飘逸的清香？而用沸水冲沏的茶，冲沏了一次又一次，茶叶沉了又浮，浮了又沉，沉沉浮浮，茶叶自然就释出了它的清幽、炽烈、醇厚和清冽……"

年轻人听得正入迷，释圆却忽然陷入了沉思。年轻人一边耐心等着，一边慢慢品味着法师刚才的话语，不知不觉竟开悟了。他正想告诉法师自己明白了，一看法师那副闭目冥思的样子，又把话咽了回去，只小声说了句"谢谢"便轻轻离开了。

望着年轻人离去的背影，释圆法师忽然笑了。

法师释圆讲的是茶道，但世间芸芸众生，又何尝不是茶呢？是的，浮生若茶。那些不经风雨之人，平平静静、一帆风顺地生活着，就如温水沏的淡茶平地悬浮着，弥漫不出生活的清香，而那些栉风沐雨、饱经风霜的人，当坎坷和不幸一次又一次地袭击他们，使他们在风风雨雨的岁月中沉沉浮浮，就像被沸水沏了一次又一次的酽茶，慢慢溢出了令人迷醉的脉脉清香。

　　我们何尝不是一撮生命的清茶？命运又何尝不是一壶或温和或炽热的水？茶叶只有在沸水中才能释放它们本身深蕴的清香，而生命也只有在遭遇一次又一次的挫折和坎坷之后，才能留下令人回味无穷的人生的幽香。

　　在每个人的生活道路上，都会遇到许许多多的痛苦，有肉体上的感觉，有精神上的体验，更有心灵深处难以愈合的创伤。但痛苦能唤醒人们与苦难搏斗、与命运抗争的意识，心灵的振奋也只有在挫折和苦难中才能显现出来。贝壳在海水的洗练下留下了珍珠，矿藏在时间的陶冶下留下了钻石，人生在痛苦的磨砺中留下了价值：贝多芬在失聪的痛苦折磨下，创作出震撼人心的《命运交响曲》；凡·高在遭割耳、侮辱、饥寒交迫、世人嘲笑的痛苦生活中，他的向日葵依然闪耀着金光；描绘出丰富多彩的画图；海伦·凯勒，任凭聋子、盲人、哑巴"三重奏"于己身，却没有怨天尤人，成为世界文坛上一颗耀眼的星；霍金，被卢伽雷病永远固定在轮椅上，但他的脸庞却依然充满恬静的微笑，他的思想超越时间和空间，追寻着宇宙的尽头、黑洞的隐秘，成为黑洞量子力学研究的佼佼者……

　　我们没有必要去躲避苦难，更没有必要去憎恨痛苦。因此当生活中没有挫折，人生就不会依然精彩；当道路上没有失败，成功后就不会万般喜悦。所谓的痛苦，只不过是一块磨刀石，只会把你越磨越锋利，刺破一个更比一个坚固的痛苦，让你最终站在人生的领奖台上。

 禅言慧语

　　五彩的人生之所以缤纷，是因为痛苦的折射。每一次痛苦来临，当你坚强地应对过后，人生新的美丽也由此开始，这是痛苦的价值。只有遭遇一次次的挫折和坎坷，才有我们脉脉人生的幽香。

七

滚滚红尘，有始有漏：苦乐参半

咸有咸味，淡有淡味——当你面对贫穷

有人说我们现在处于一个物质财富高度发达的时代，举目望去，百万富翁、千万富翁甚至亿万富翁比比皆是。国际上有福布斯富豪排行榜；华人圈有胡润富豪排行榜；书市上有畅销书排行榜……但富人再多也多不过穷人，财富再多似乎也摊不到穷人身上。虽然安贫乐道的人还是多数，但仍有不少穷人过够了穷日子，不惜一切手段摆脱贫穷，但这一趋势发展过了头，整个社会似乎也变得"笑贫不笑娼"了。

> 贫与富，是对财富占有多少的人群的划分界线，也是不幸与快乐的界线吗？

菩提一叶

相传弘一大师有一个很好的朋友，是个著名的教育家，名叫夏丏尊。

有一天，夏先生来拜访弘一大师。当他看到弘一法师吃饭时，只有一小碟咸菜，心中不忍，就问："这是不是太咸了？"

弘一大师回答说："咸有咸的味道。"

吃完饭后，弘一大师倒了一杯白开水在喝。

夏先生又问他："这是不是太淡了？"

弘一大师微微一笑，说："淡有淡的味道啊。"

当时，夏先生听了，非常感动。

可见，对生活，重要的是体验。咸有咸的味，淡有淡的味，不论是咸是淡，都能从中得到快乐。而冷与暖、贫与富，各人有各人的感受和滋味，更不可一概而论。

张克今年 40 岁，这个年龄该有的一切似乎都有了，事业正如日中天，家庭也和和美美，有个温柔贤惠的妻子，还有一个正在上小学的听话的儿子。除了要忙工作不能常常陪家人外，张克对自己目前的生活还是很满意的，这世上哪有十全十美的事？可儿子却不这么想，经常在老爸面前埋怨生活没意思、家里太冷清。为了让儿子体会到贫困生活的艰辛，以满足现在的大好生活，张克趁着"五一"长假，带儿子去农村体验生活了。

到了一个偏远的小山村，张克专门找了一户看起来很穷的人家，付了些钱，一直住了三天三夜。

回来后，张克心想这下可让儿子体会到现在的生活有多好了，就问他："怎么样，贫穷的滋味不好受吧？谈谈这次的感受吧。"没想到儿子想也没想地答道："我觉得那户人家的生活实在是太棒了！"张克一听就糊涂了，心想这是怎么回事？只听儿子眉飞色舞地说："通过这几天的生活，我发现他们家要比咱们快乐得多。你看，咱家只能养一条狗，还得有养狗证，他们家却养了一窝狗都没人管；咱家只有一个小小的游泳池，他们家前面却有一条河，向东望不到头，向西望不到尾；咱们家的花园里只有几盏灯，他们家却每晚都可以看到满天的星星！"

看着儿子认真的表情，张克不说话了。儿子虽然说得很"幼稚"，但张克明白，儿子不是三岁小孩了，他之所以这么说，是想讽刺一下自己的观点，但他还是抱有一点希望地问："这么说，你觉得贫穷的生活更幸福喽？"儿子依然一脸认真的回答："他们每天都快快乐乐的，光这一点我看要比咱们家富有多了！"

张克明白了，儿子是在暗示自己一直以来只专注于事业，忘了关心关心他了。自己一直引以为豪的物质的富有，在儿子心里却并不是幸福的全部，也许充其量只是散发着铜臭味的浅薄罢了。其实富有这东西，你感觉有，你就是富有的。

不可否认，做一个富人，是每一个人梦寐以求的事。为什么大家都在卖力地工作、费神地学习？还不是为了可以生活得更好？做一个富人当然比做"衣不遮体，食不果腹"的穷人好。人们不必非要假装鄙视金钱，事

七　滚滚红尘，有缺有漏：苦乐参半

实是富裕并不可悲，可悲的是富了钱财贫了灵魂，杜甫的"丹青不知老将至，富贵于我如浮云"，李白的"安能摧眉折腰事权贵"无不是对脱离了灵魂的富裕的嗤之以鼻。但贫穷也并不可喜，可喜的是贫穷却能保持那种"浑浊的天空也会有一米阳光的透亮，龟裂的大地也会有一涓细流的清澈"的乐观、积极的心态。

贫与富，是我们在现实生活中常见的现象，也是人生中不得不面对和思考的问题。穷人说：金钱能买到伙伴，但买不到朋友；金钱能买到书籍，但买不到智慧；金钱能买到房子，但买不到家；金钱能买到武器，但买不到和平……富人说：金钱虽然买不到爱情，却能买到婚姻；金钱虽然买不到健康，却能买到享受；金钱虽然买不到文化，却买得到文凭；金钱虽然买不到星星，却能买得到歌星……其实金钱的总量总是稳定的，这个世界上穷人越多，富有的人也就越多；富人越多，穷人也就越多。富有，是因为有贫穷；贫穷，是因为有富有。表面看来，穷人和富人是水火不容的，但再仔细想想，穷人和富人其实一直在互相依靠。假如有一天，人们能不再以简单的贫富来划分高档人与低档人、划分幸福与不幸，那么天地间，将会是一个崭新的世界。

禅言慧语

物质的富足，也许可以保证舒适的生活，但不一定就和心灵的快乐成正比；物质的匮乏，也许不能拥有奢华的体验，但不一定就和生活的幸福成反比。贫与富的转化其实很容易，但这并不是人生的主题。我们每个人都应该明白，生命最重要的不是物质的贫富与否，而是心灵的真正感受。

无计可逃，何苦再逃？——当你面对孤独

　　当文明发展到一定高度时，城市越是灯红酒绿，生活越是精彩多姿，人们的内心越是感觉到孤独和空虚。不难发现，任何人都有孤独的时候，差别只在量的多少和人对它的态度。有的人厌恶孤独，抓住一切机会深入到人群中去，孤独容易使他疯狂；有的人迷恋孤独，每每人群狂欢之时总是选择退避，孤独使他宁静；有的人看穿孤独，既来之则安之，孤独使他智慧……

　　孤独似乎带着千张面具，我们不禁想问：究竟孤独是伪装了的魔鬼的化身，还是另一种形式的智慧的源泉？

菩提一叶

　　有人会问严尊法师："你们出家人信奉四大皆空，对长年累月的吃斋念佛、暮鼓晨钟的枯燥生活，我们常人尚可理解，可是众所周知，人类是群居动物，你们是如何调适和排遣孤独之感的呢？"

　　严遵法师答道："孤独是人世间永恒的存在，连我们栖身的这个星球，在茫茫无际的银河系中又何尝不是孤独的存在？人类有交往的需求，以此来感知自身的确切存在，人类更有孤独的需求，以此提升自身的思想觉悟。当然孤独的代价不菲，很多人就是在无边无际的孤独中癫狂，不然也不会有众多的人类惧怕孤独，但只有当你看穿了孤独的意义，领悟到孤独的必要，你才会获得孤独的价值。而这价值，是任何事物代替不了的，一个唯一的存在。

　　在我们的 GDP 每年都在以 8% 左右的速度增长、在每一个酒店大堂的

每张桌子都在谈着赚大钱出大名的种种机会的时候，一种前所未有的孤独感正在侵袭着这个城市。我们渐渐发现，生活越是跌宕起伏，工作越是马不停蹄，我们的内心反而越发孤独。

对孤独的理解因人而异，任何时候都不能以偏赅全。但不可否认的是，人人都会孤独，然而人人又不愿孤独。人们想尽一切办法来逃避、排遣、发泄孤独。社会似乎达成了共识一般，一些"对抗孤独"的商业也正在快速发展。你以为离你很远？让我们来举几个例子：手机短信、数字娱乐、交友网站和心理咨询……孤独成了痛苦的代名词，任何人都试图逃避它，离它越远越好。

如果有人问，孤独可以避免吗？答案是否定的。作家史铁生在创作中坦言，人生面临的三大感受之一，便有个体想被别人理解而又无法完全达到的孤独，其实只要作为个体生命的意志存在，人生便永远伴着孤独行走。远离亲朋，独处异乡，我们会孤独；夜不能寐，思念袭来，我们会孤独；失败、痛苦无人诉说时，我们同样会孤独……孤独似乎总是与不如意联结在一起，然而，理想的境界只会让人体会到更深的孤独。

仔细观察一下你的周围，总会有一批才华出众者，常常离群索居。他们承受的那种孤独和无奈无关，他们是自愿的，抑或是不由自主的。英国医生安东尼·斯托尔在其所著的《孤独》一书中，在肯定人际关系的价值的同时，着重论证了孤独也是人生意义的重要源泉，对于具有创造天赋的人来说，甚至是决定性的源泉。事实上，无论活得多么热闹，每个人都必定有最低限度的独处时间，那便是睡眠。不管你与谁同睡，你都只能独自进入你的梦乡。卡夫卡说过："为了我的写作我需要孤独，不是'像一个隐居者'，仅仅这样是不够的，而是像一个死人。写作在这个意义上是一种更醇的睡眠，即死亡，正如人们不会也不能够把死人从坟墓中拉出来一样，也不可能在夜里把我从写字台边拉开。"这是一个极具哲学思维的说法。我不会把注意力放在他怎么述说他的创作热情上面，我注意到他说的"……更醇的睡眠，即死亡，正如人们不会也不能够把死人从坟墓中拉出来一样……"一个颇具诗人气质的波兰作家贡布罗维奇也这样说："我变得勇敢无畏了，因为我绝对是一无所失。我既无荣誉，也无生计，也无朋友。我不得不找出自我，依靠自我，因为除了自己，我谁也不能依靠。我的表现形式就是我的孤独。"也许孤独的代价不菲，但很少有人知道，它不仅是一种独特的、不可或缺的心理体验，还是一种常人无法达到的境界。

从心理学的观点看，人之所以有独处的需要，是为了进行内在的心理整合，也唯有经过这一整合的过程，外来的印象才能被自我所消化，自我也才能成为一个既独立又生长着的系统。所以，有无独处的能力，关系到一个人能否真正形成一个相对自足的内心世界，而这又会进而影响到他与外部世界的关系。释迦牟尼的成佛，不但是在出家以后，而且是在离开林中的那些苦行者以后，他是独自在雅那河畔的菩提树下连日冥思，而后豁然彻悟的；耶稣也是在旷野度过了 40 天，然后才向人宣示救世的消息。

"不要试图填满生命的空白，因为音乐就来自那空白深处"，泰戈尔这样说过。岂止是音乐，人类的文明也不是在喧嚣中诞生，而恰恰是在孤独中起源。当有一天你逃离了孤独，先别忙着感觉幸运；当有一天你形单影只，更不必黯然神伤。事实上，对于孤独，任何人都是无计可逃的，又何苦再逃？

 禅言慧语

孤独于任何人而言都不是一个特别的存在，它作为一种宿命依附在任何人身上。事实上，孤独是一种有价值的心灵体验，当你学着不再千方百计地躲避它，你会到达不一样的人生境界。

人生不需要占卜——当你面对风险

有人说，虽然现在的世界文明越来越发达了，但危险指数也随之提高

七
滚滚红尘，有缺有漏：苦乐参半

了，不信看看：大街上车辆横冲直撞，哪天没有重大车祸发生？股市风云变幻，只是几秒钟的时间，让多少人血本无归？……连华尔街的信用权威麦道夫都因诈骗入狱了，你防得了一时，能防得了一世？随着世界的变化天翻地覆了，风险的形式也"日新月异"了。

你能因为车祸率上升了，就再也不上街了吗？你能因为怕风险，就永远拒绝冒险吗？

菩提一叶

有一个年轻人，以为学佛可以预先洞悉人生，便找到余光法师，请他为自己占卜一下。余光法师问他："为什么要占卜？"他说："我想把前面即将要遇到的风险化解掉。"余光法师又问："为什么怕风险？"年轻人反问："谁不怕风险呢？""比如你的生母，"余光法师很快答道，"女子难产甚至赔上自己的性命都并不为奇，可是十月怀胎忍受那种惊吓和痛苦的时候，她怕过没有呢？"年轻人低头不语。"那么我们在生活中，遇到一点点的风险，又何必惧怕呢？"

人生是不需要占卜的，因为风险并不可怕。

人生路上，风险无处不在，无时不有。其实，风险也是欺软怕硬的，你强它就弱，你弱它就强。很多风险你无法躲避，与其掩耳盗铃佯装不知，毋宁勇敢面对，积极迎战。

有人问一个农夫是不是种了麦子。农夫回答："没有，我担心天不下雨。"那个人又问："那你种棉花了吗？"农夫说："没有，我担心虫子吃了棉花"。那个人无奈："那你种了什么？"农夫说："什么也没种。我要确保安全。"

一个不敢冒任何风险的人，什么也不做，逃离了痛苦与悲伤，安全倒是安全了，可到头来，只能一无所得、一事无成，因为他们被自己的恐惧捆绑住了手脚，没有学习和改变，又何谈成长与收获？

觉悟

J
U
E
W
U

很多时候，风险当前，可是倘若你有一双看透风险背后巨大利益的慧眼，并能成功战胜风险，你将会获得百倍的回报。福克斯30岁时，所在公司安全系数大，他的工作业绩又好，在外人看来，这一切都无任何需要改变之处。但福克斯不这么认为，虽然现有的工作踏实、保险，但他内心始终有一种无法满足的感觉，经过深思熟虑，他决意要改变现状，尝试新领域，充实自己的人生。后来，经过多番寻找，他得到了一个机会——到一个比现在的公司规模小很多的企业当协理。此时，福克斯走到了人生路上一个十分关键的十字路口，是在大鱼池里做一条小鱼，还是到一个小鱼池里当大鱼？经过冷静的分析，敢于冒险的福克斯选择了后者，他认为这个公司虽小，但充满朝气，有很多前进的空间，自己当了协理，不仅可以很快熟悉公司的一切业务，而且每天都有新事物可学。于是，福克斯毅然放弃了现有的一切成就，迈进了人生的新领域。经过艰苦的打拼，他成功了，逐渐获得公司最高主管的职位。公司在他的带领下，每年经营额达4000万，成为世界第一流冷冻桔子汁的大公司。

　　福克斯的抉择，可以说是冒了一个最大的险，因为把自己的前途和命运都赌进去了，但他内心明白，当你确定无疑地认为自己是对的，这个险就值得一冒。

　　如以性别归类，资本惨烈"搏杀"、风险无处不在的华尔街也许是个"雄性"的地方。然而，谁说女子不如男？虽然当今社会，女强人在各个领域仍是凤毛麟角，但这个比例上升的趋势不容小觑。波士顿阿卡典资产管理公司的基金经理——川妹子曾绮就是奋斗于华尔街的一位华裔女性，她的名言就是：要获得成功，就不要怕承担风险，很多时候，风险越大越欲成功。

　　不愿意冒险的人，他们不敢轻易笑，怕被人说有失端重；他们不敢哭，怕被人说多愁善感；他们不敢表白内心，怕被人看穿了真面目；他们不敢向人求助，怕被人觉得没用；他们不敢希望，怕最后失望；他们不敢尝试，怕最后失败……不愿意冒险的人注定了要在默默无闻、一事无成中了结自己的一生，其实从这个角度看，当一个人什么风险也不敢冒时，他

已经将自己的命运和前途招进了最大的风险中——终生为懦夫的风险。这种风险不仅葬送了一个人本来可以开发的才智，同时也丢失了抵达成功的机会和阶梯。

可见，风险并不可怕，可怕的是人的态度。既然世上没有绝对的安全，何不傲然地应战呢？

禅言慧语

人生路上，风险无处不在，妄想处于一个绝对安全的港湾里，只能是痴心妄想。风险是悬崖绝壁旁攀援的藤条。只有那些不畏惧风险并乐于迎战风险的人，才会有战胜风险的希望和力量。

216

敌人的价值——当你面对敌人

世间上的万事万物，只要有两个以上，就不会有绝对相同的内容。江海溪流，同样是水，但水质各有不同；山岳丘陵，同样是山，但山势各有特色。人们称呼他人同志、同学、同乡、同宗，但这"同"中，又各有不同。在这个千差万别的世界，即使我们无意树敌，"异己"也无处不在。说到敌人，人们也总是将其与陷害、坎坷、不幸等词汇联系在一起。

既然我们无法躲避敌人的存在，那么究竟如何对待敌人才是最正确的态度？

菩提一叶

有一个老和尚，平日宅心仁厚，哪里有是非，他都会热心地前去调解，也因此得罪了不少小人。一天，他正在庭院里锄草，突然有一个人莽撞地跑来谩骂他：

"你这骗财骗色的老和尚！"

老和尚听了没有生气也没有解释，只回答说：

"你自己没有就好了。"

你知道敌人在我们人生中的价值吗？当老虎被单独关在笼子里，它只会逐渐低迷，因为失去了在丛林里的对手，失去了战斗力；一支再优秀的球队，如果没有另一支对手团队的衬托，也无法表现出自己的卓越，当一个人失去了各方各面的敌人，只会在日复一日的安逸生活中失去动力，原地踏步。

情场上，人们往往会因为情敌的出现而更加认识到爱人的优秀，更加珍惜爱人，并不断改进自己爱的方法，会为了保护这份爱而更加勤奋地工作和强大自己。即使最终不幸被情敌打败了，也不必黯然神伤，因为情敌让我们看清了现在的爱情是不牢固、抵不住诱惑的这一现实，我们应该感到庆幸。

商场上，正是因为有了同类产品的竞争，厂家们才会不断督促和迫使自己努力改进、创造、更新和提高，消费者不希望出现一家独大的现象，国家也鼓励正当竞争。

因为敌人绝不会纵容你，巴不得你下一分钟就走投无路，对你步步紧逼，所以敌人可以提醒我们要时时谨慎、刻刻精进、未雨绸缪。一有敌人，我们不敢怠惰，不敢自满，不敢轻率，不敢松懈，只会一直小心翼翼地戒备防范，同时又大胆勇往直前，以争取更多成绩来巩固自己的安全感。

懂得了敌人的价值，下一步讨论的是，我们应该如何对待敌人？其实与敌人打交道，不外乎三种方式：誓死抗争、不闻不问和化敌为友。也许对很多人来说，怀着仇恨与人争斗是容易的，但要把敌人引为知己，却要经历人性上的一番艰苦的考验。其实这种时候，你要战胜的不是别人，而是自己。

星云法师曾提出过一个重要的思想，尊重异己。与化敌为友有异曲同工之妙。他说："同样是军人，要分陆海空各种兵种；同样是宗教，要分

217

七

滚滚红尘，有缺有漏：苦乐参半

佛道耶回；同样是文学，要分散文、诗歌、小说；同样是哲学，也有东西、古今学派的不同。世间上，同的太少，异的太多，我们应如何与世间的诸多不同相处呢？所谓'顺我者昌，逆我者亡'，可是差别千千万万，你能排除净尽吗？世间万象，水火不相容，但是台湾台南县的关仔岭却有'水火同源'；桃李不一体，但是桃李还是可以互相接枝；男女都不一样，但常说你中有我、我中有你；彩虹的颜色有多种，就因为大家互不排斥，故能显现出它的美丽……只有异中求同，尊重异己，才是处世之道，也最合乎天心，是宇宙人生对我们最大的要求了……"

当你们做到了化敌为友，因为曾经彼此心中都有一番亏欠，便愈加珍惜这段晚来的友情；当你们做到了化敌为友，因为曾经长久的对峙，便愈能成为难得诤友，见他人所不能见，言他人所不能言。

那么如何化敌为友？林肯很久以前就给出了答案。有一次他到一个军营视察时，对一位刚刚入伍的新兵说："孩子，我终于发现一个彻底消灭敌人的最好方法了。"新兵睁大眼睛充满期待地望着林肯，希望能够得到总统的点拨。林肯拍拍新兵的肩膀，微笑着说："最好的方法就是用爱把敌人变成朋友。"

林肯说得一点不错，彻底消灭敌人的最好方法，就是用爱把他们变成朋友。佛家也曾有慧语：仇恨永远不能化解仇恨，只有爱才能够彻底化解仇恨。

觉悟 JUEWU

禅言慧语

培根说："没有情人，会很寂寞；没有敌人，也是一样。"敌人与朋友的不同在于，你需要自己去发掘他们的价值。因为敌人的存在，我们才会"警钟长鸣"，充满斗志，取得进步，获得成功……想办法与你的"敌人"交朋友吧，这样你的人生之路会更顺畅。

珍惜眼前人——当你面对诱惑

我们的生活中，诱惑无处不在：美食的诱惑，华衣的诱惑，金钱的诱惑，名气的诱惑……当然还有，爱情的诱惑。很多意志不坚定的人扛不住这一诱惑，选择了动摇，还言之凿凿：明明有更好的选择，我为什么要在一棵树上吊死？于是分手率、离婚率等爱情失败指数也随着 GDP 一路飙升，且有只增不减之势。

漫长的一生中，谁才是我们真正的守护者？

菩提一叶

深夜，人与佛曾有这样一则对话。

人：圣明的佛，我是一个已婚之人，但我狂热地爱上了另一个女人，我真不知如何是好。

佛：你能确定你现在爱的这个女人就是你生命中最后的一个女人吗？

人：是的。

佛：那还有什么顾虑？你离婚，然后娶她吧。

人：怎么会没有顾虑呢？我现在的妻子很温柔、善良、贤惠，我这么做不是太残忍了吗？

佛：没有爱的婚姻才是更残忍的，既然不爱了，不如果断点吧。

人：可是我妻子真的很爱我，对我很好。

佛：若她真如你所说的那样爱你，她现在就是幸福的。

人：我要与她离婚另娶他人了，她应该是痛苦的，怎么会幸福呢？

佛：你们的婚姻中，无爱的是你不是她，她还爱着你，所以她是幸福的，痛苦的是你。

人：可是她就要失去我了啊，她才是最痛苦的吧？

佛：你错了，你只是她婚姻中真爱的一个个体，这个个体可以改变，当你离开了，她的真爱会延续到另一个个体身上。

人：不可能，她说过今生只爱我一个的。

佛：这样的话你又何尝没说过？

人：我……

佛：看看你面前香炉里的三根蜡烛，哪根最亮？

人：似乎没有区别，一样亮啊。

佛：这三根蜡烛好比三个女人，其中一根就是你现在所爱的那个女人。芸芸众生，女人千千万万，你连这三根蜡烛哪根最亮都不知道，又怎能确定你现在爱的这个女人就是你生命中的最后一个女人呢？

人：可是……

佛：你现在拿一根蜡烛放在眼前，用心看看哪根最亮。

人：当然是眼前的最亮。

佛：再放回原处看看。

人：又似乎一样亮了。

佛：其实你刚拿到的那根蜡烛就好比是你现在看着的那个女人，所谓爱由心生，当你感觉你爱她时，用心去看就会觉得它最亮，可是当你把它放回原处，却又无从分辨最亮的一根了。你这种所谓的最后的爱也不过是镜花水月，到头来终究是一场空。

人：我懂了，你并不是要我离婚，而是在点化我。

佛：看破不说破，你去吧。

人：我知道我最爱的人是谁了，就是我现在的妻子。

我们常常形容爱河中的人"当局者迷"，但其实爱情本身不就是一种幻觉吗？相爱的双方，在爱着的时候，实在无须太过清醒，只知道爱着就够了。

爱情之所以能成为全人类永恒不衰的话题，其本身所蕴藏的能带给人巨大的幸福感的能力是一个原因，还有一个原因就是——爱情总是让人唏嘘不已，因为能够符合人们理想的爱情实在是太少了，当爱情在循环不止的追求、满足、失望的怪圈中运行的时候，它也因此而在人们心中不朽。

你要问一个人，在自己的爱情中最怕出现什么？十有八九大概都会回答："第三者。"众所周知，爱情是具有排他性的，爱情所有的冲动、甜蜜和幸福都只限于两人之间，当第三个人的出现打破了这一平衡，只会带来三个人的痛苦。这时，被"争抢"的那个人往往会看不清自己的心的真正所向，仅仅在感官上寻求结果，而作出错误的选择。而这样的人总会在某个不经意的瞬间，才看清自己真正的内心，明白爱人的真正资格，以及爱情的真正含义。

有人说爱情是盲目的，可是爱情不能总是盲目。当你为了爱人无怨无悔地付出并不求回报时，在外人看来这是一种"盲目"，但同时也明白，这样的盲目是对幸福的一种追求方式，亦可以说本身就是一种体验方式。可是当你已经有了爱人，眼睛却还望向别处，在任何人眼中，这都是一种不可取的"盲目"——为什么不仔细地、一直地看着你自己的爱情呢？你辛苦追寻而来、又苦心经营多年的爱情？难道你不明白爱情的初期总是闪闪发光的，可是经过了一段时间的冲刷与磨砺后，它的光芒不再如当初那般显性？可是即使你一时看不到它的光芒了，也不能否认在那下面没有爱的底蕴流淌。你见异思迁地投入到别的爱情，难道想不到等过了一段时间，结局同样如此？

找一个真正的爱人并不容易，当有一天我们找到了可以相守一生的爱人，请好好珍惜，请仔细看着对方，而不要望向别处。爱与不爱，有时只在一念之间。与其众里寻他千百度，不如疼惜眼前人。

221

七 滚滚红尘，有缺有漏：苦乐参半

禅言慧语

漫长的一生中，我们会遇到很多人，也爱上很多人，可是能不离不弃、始终陪伴的只能是一个人。当你执著于追求更好的人时，其实最好的

就在眼前。珍惜当前，永远胜于三心二意。

小和尚卖石头——当你还没得志

也许对任何一个人来说，空有一身本领却无用武之地都是一个莫大的悲剧，可在竞争日益激烈的今天，这样的悲剧还在屡屡发生。也许是运气，也许是时机，也许是场合……在日复一日的等待中，有的人放弃了，开始平平庸庸地过日子，也渐渐忘记了曾经自己是块金子。

当"英雄无用武之地"，我们应如何面对？

菩提一叶

一座古老的寺庙里，住着一老一小两个和尚。老和尚每天诵经念佛，小和尚每日砍柴挑水。终于有一天，厌倦了日复一日的平淡无奇的生活的小和尚想要离开寺庙，去红尘俗世体验生活。老和尚起初不同意，但禁不住小和尚的软磨硬泡，终于妥协，但老和尚提出了一个要求："想要到民间修行可以，但必须完成一件事。"

小和尚急不可耐地问："什么事？"

老和尚去内室拿出了一块看起来粗糙不堪的石头："明天你把这块石头拿到山下的集市上去卖，但是记住一点，无论别人出多少钱，你都不要卖。回来告诉我一天的见闻。"

小和尚虽然满腹狐疑：一块破石头谁会买呢？而且还多少钱都不卖？但兴奋感压倒了一切，小和尚点点头答应了。

集市上鱼龙混杂，各色人等来来往往，小和尚从清早等到中午，都没有一个人上前询问，就在小和尚准备离开的时候，一直在他对面摆摊的一个衣衫破烂的小青年跑过来问："小和尚，你这石头是要卖的吗？"

小和尚点点头。

"这石头倒是很别致，可以买回去给我那喜欢书法的朋友压压纸，"小青年问道，"我出五文钱，不少了吧？"

小和尚心说这破石头居然能卖五文钱，但一想起师父的话，于是说："五文钱不卖。"

小青年显然吃惊不小，不服道："那六文钱总行了吧？"

小和尚还是摆摆手："不卖不卖！"

小青年嘴里骂骂咧咧地走了。

傍晚的时候，小和尚回到寺里，简单地将一天的见闻告诉了老和尚。

"你明白了吗？"老和尚冷不妨问道。

见小和尚奇怪的样子，老和尚道："这样吧，明天你把它拿到山下的米铺老板那里去卖。同样是多少钱都不卖。"

小和尚不知老和尚葫芦里卖的什么药，但还是点点头同意了。

第二天，小和尚一大早就来到米铺，按老和尚说的直接找到了米铺老板。出入米铺的人虽然没有集市那么混杂，但还是脱离不了形形色色。米铺老板一听小和尚是来卖石头了，便拿起那块石头端详了半天，最后说："我看这样吧，我出500两银子买这块化石，多的没有了。"

小和尚心里一阵狂喜，原来这是个化石啊，"好啊"两个字差点就要脱口而出了，忽然想起师命难违，便摇头道："不卖。"

米铺老板心有不甘，便和小和尚周旋上了，趁着他接待客人的空当，小和尚一溜烟跑掉了，回到了寺里。

"师父师父！"小和尚气喘吁吁道，"原来这是个化石啊，怪不得您不让我卖出去。"

老和尚显然有些失望，问道："那么你明白了么？"

小和尚反问："究竟明白什么啊？"

"看来你还得去卖一次，"老和尚坚定地说道，"明日你再出去一趟，这次去卖给珠宝店的老板，还是记住：无论对方出多少钱，你都不要卖！"

小和尚对卖石头已经觉得索然无味了，但看着老和尚严肃的神情，还是硬着头皮答应了。

　　因为知道这不是一块简单的石头了，小和尚很小心翼翼。来到了珠宝店，小和尚也是轻拿轻放，唯恐有任何闪失。小和尚仔细打量着出入珠宝店的人，大多非富即贵，自己出现在这种地方显得怪异得很。

　　没想到珠宝店老板一听有个小和尚要来卖石头，本来正在午憩，一下子鱼跃而起，看到小和尚后立即把石头拿过来端详半天。

　　小和尚观察着珠宝店老板的神情，只见他时而兴奋、时而失落、时而激动又时而叹气，正当小和尚如坠云里雾里之时，珠宝店老板开口道："我愿意用三家珠宝店、两家当铺和一些田产来换这块石头，不知你愿意否？"

　　小和尚简直快晕过去了，忍不住问道："你真的很喜欢这块石头吗？"

　　"它可不是什么普通的石头，"珠宝店老板兴奋地讲开来了："正如古代的'和氏璧'一样，它虽外表包了一层石头样的东西，但内里却是价值连城。不知道有多少人都在梦寐以求能得到它呢……"

　　当然到最后，无论珠宝店老板把价钱升到多高，两人也没能成交。

　　小和尚心事重重地回到了寺里，还未等老和尚开口，小和尚就问："师父，为何同样的一块石头，在不同的人眼里价值相差那么大呢？"

　　老和尚心知小和尚还是没有明白他的苦心，先是叹了一口气，然后缓缓说道："不同的环境，人会有不同的境遇。如果你是块金子，就总会有发光的一天，但这需要耐心和等待。在你空有一番本领却无用武之地的时候，千万不要灰心失望，因为急切的心理，或许会断送了你本该能拥有的大好前程。"见小和尚听得入了迷，老和尚接着道："当然，倘若你本就不是好料，那么到了任何时候都不会被当做无价之宝。"

　　读了这则故事，你能从老和尚的话中得到什么启示吗？换句话说，你明白了吗？

　　禅言慧语

　　老和尚说得很对，如果你是块金子，就总会有发光的一天，但这需要耐心和等待。当你还没有得志，不要灰心、失望，永远不要忘记自己的理想、抱负，也永远不要屈服。

抖落身上的泥沙——当你陷入绝境

人生有高有低，在人生的低谷时期，天空总是阴霾，心情总是灰暗。不妨回想一下那段日子，自己是怎么过来的吧。伤心？那是一定的。难过？这也难免。颓废？或许是。对生活失去希望？有的人确实如此。再也撑不下去了？也许再撑撑就过去了。想放弃？千万不要！

就算整个世界都放弃你了，难道连你也要放弃自己吗？

菩提一叶

绝境中应如何生存？弘一法师讲了这样一个故事：

一头驴子掉进了枯井里。

主人非常焦急，用尽了所有办法都无法将驴子从枯井里救出。

最后，无计可施的主人决定放弃这头驴子，并自我安慰道："这么一头又老又瘦弱的驴子不要也罢。"但井下孤立无援的驴子一直叫，让主人内心挣扎不已，最终主人决定将枯井填平，把驴子埋掉，便请来一些邻人帮忙。

随着泥土如下雨般不停落下，驴子明白了主人的用意，在井底的驴子发出了绝望的哀鸣。

过了片刻，驴子突然停止了哀鸣，主人好奇地向井底张望，只见驴子不停地将身上的泥沙抖落脚下，垫高井底。

奇迹出现了，驴子靠这种方法走出了困境，获得了重生。

如同故事中的驴子一样，在生命的旅途中，我们难免会陷入"枯井"

七 滚滚红尘，有缺有漏：苦乐参半

里，也难免会遇到别人因无法搭救而最终只能放弃的情况，甚至旁人袖手旁观也说不定，当逆境中这些各式各样的"泥沙"倾倒在我们身上，如果始终背负下去，终将会在绝望中被压垮，也许从"枯井"中脱难的唯一秘诀就是：将身上的"泥沙"都落在脚下，艰难地、一步一步地再攀登上来。即使全天下的人都放弃你了，你也不能放弃自己，这是改变命运的大智慧。

有人说，人生就是一顿自助餐，只要你愿意付费，你想要什么都可以。你可以收获成功，也可能获得失败，两者的比例各为50%。可是倘若饥饿的你还只是一味地等着别人把食物拿给你，失败的比例就是100%。你自己都想不起来去取食物，还能指望谁可以想起？

安迪自出生下来右手就只有四个手指，从小就到处遭人耻笑，可是自身条件如此不好的他却一直立志能成为一名优秀的电视主持人。安迪长大后，虽然具备了一个优秀的主持人的所有条件，但每当电视台的负责人看到他残疾的右手时都回绝了他。求职的日子是安迪一生中最灰暗的一段时期，太多次的拒绝与鄙夷开始让他怀疑自己的价值，然而不管生活多么艰苦，他还是选择坚强地挺过来了。终于经过两年的努力，安迪被一家电视台录用，试镜的时候他按照电视台的指示戴着一副仿真手套，但他很快就发现这样只让他感觉到虚假和不自然。后来在正式主持节目的时候，安迪摘掉了手套，以最自然、最真诚、最自信的主持赢得了大批观众。很多观众来信说他们非常欣赏安迪对自身缺陷的坦率，毫无疑问，安迪已经成功了。

爱情中也是如此，当爱情遭遇不测，柔情蜜意不复返，昔日的恋人放弃了你，这本身已经够惨了，难道连你也要放弃自己吗？几个月前，娴雅的爱情之舟也遭遇"翻船"了，丈夫在外面有了新欢，留给她一张离婚协议书。起初，娴雅实在想不开：自己和丈夫风雨同舟、同甘共苦那么多年，把自己的青春和前途都搭进去了，为了缓解家里的财政危机，两人结婚5年了她连孩子都不敢要，现在自己人老珠黄了，丈夫却宣布他们之间没有爱情了……娴雅一想到这些就气不打一处来，觉得就算自己受折磨也

不能让丈夫和那个野女人舒心，她迟迟不肯签字，只想拖着丈夫，却忘记了也牵绊着自己……一直到最近，娴雅才想通了，他要走就走好了，我何苦和自己过不去？路还长着呢，我何苦要放弃自己？娴雅想到做到，从离婚办事处出来，她觉得天空特别蓝，空气特别好，而自己有多久没有感受这种快乐了呢？她也忽然明白，在这个世界上，别人糟蹋你就算了，你千万可要对得起自己，做人永远都不能放弃自己。

人生路上，不如意十之八九，也许一个人最大的失败不是被别人放弃，而是被自己放弃。不妨都来读一读汪国真的诗句吧："我不去想是否能成功，既然选择了远方，便只顾风雨兼程；我不去想是否能赢得爱情，既然钟情于玫瑰，就勇敢吐露真诚；我不去想身后会不会袭来寒风冷雨，既然目标是地平线，留给世界的只能是背影……"逆境中，你会抖落身上的"泥沙"吗？

禅言慧语

曲折的人生有高峰就有低谷，当人处于人生的低谷，最重要的是不要放弃自己。如果连自己都放弃了，还能指望谁来拯救你？勇敢地面对绝境吧，当你捱过去了，你会惊喜地发现那些挫折与苦难已被你踩在脚下，成为了走向成功的垫脚石。

滚滚红尘，有缺有漏：苦乐参半